Spannungen, die ständigen Bewegungen zwischen Suchen und Finden und die scherzhaften, komplizierten, aber lebendigen Prozesse, die diese Wandlungen immer begleiten – all dies bestimmt das menschliche Leben. Sheldon Kopp beschreibt in Lehrgeschichten, Träumen, Erlebnissen, Fallbeispielen und spirituellen Betrachtungen die Chancen und Krisen auf dem Weg zur Entdeckung unseres wahren Ichs; er zeigt die Notwendigkeit, unsere Eigenheit, unsere Besonderheit anzuerkennen, damit wir die höhere Macht in uns finden, und er öffnet die Tür zum »Nachhausekommen«, wenn sich die Dinge für uns endlich klären.

›Anfang und Ende sind eins‹ ist ein sehr persönliches Buch, das durch seine Offenheit und Klarheit dem Leser die Möglichkeit bietet, nicht nur Kopps Entwicklung zu begreifen, sondern sie auch in sich selbst zu spiegeln.

*Sheldon Kopp* ist praktizierender Psychotherapeut und Dozent in Washington D.C. Er hat zwanzig Jahre therapeutische Erfahrung, u.a. in Gefängnissen, Krankenhäusern, Heilanstalten. Seine Artikel erschienen in *Psychiatric Quarterly, Psychology Today* und *Psychological Perspectives.* Im Fischer Taschenbuch Verlag liegen von ihm außerdem ›Triffst du Buddha unterwegs...‹ (Bd. 3374) und ›Das Ende der Unschuld‹ (Bd. 11375) vor.

Sheldon Kopp

# *Anfang und Ende sind eins*

Aus dem Amerikanischen von
Hans Satorius

Fischer
Taschenbuch
Verlag

*Spirit*
Herausgegeben von
Stephan Schuhmacher

Veröffentlicht im Fischer Taschenbuch Verlag GmbH,
Frankfurt am Main, März 1998

Lizenzausgabe mit Genehmigung des
Wolfgang Krüger Verlages, Frankfurt am Main
Für die deutsche Ausgabe:

Die amerikanische Originalausgabe erschien 1991 unter dem Titel
›All God's Children Are Lost,
But Only a Few Can Play the Piano‹
im Verlag Prentice Hall Press, New York

Druck und Bindung: Clausen & Bosse, Leck
Printed in Germany
ISBN 3-596-13824-8

# *Inhalt*

## Teil III

*Nach Hause kommen, die ewige Wiederkehr*



## Epilog

*Wege zur höheren Macht in uns*

O ihr Anhänger der Wahrheit! Laßt euch
nicht von anderen täuschen. Wenn ihr auf
ein inneres oder äußeres Hindernis stoßt,
überwindet es sofort. Trefft ihr
auf Buddha, tötet ihn [...] Laßt euch
nicht auf Dinge ein, sondern steht über
ihnen, zieht weiter und seid frei!
*Lin-Chi*

Ich bin entschlossen, mich von den Tönen
verwandeln zu lassen, die aus der Stille
meiner Seele aufsteigen, und mein Herz
soll die Melodie finden, zu der ich
mein Leben tanze.
*Sheldon Kopp*

## *Prolog*
## *Vom Zerbrechen der Formen*

Es gab eine Zeit, da fragte ein verwirrtes und gequältes Volk: »Wie kann eine Welt existieren, wo doch Gottes Wesen überall ist?« und: »Wie kann, da doch Gott ›alles in allem‹ ist, [...] etwas anderes, was nicht Gott ist, existieren?«[1]

Schließlich kamen die Menschen zu dem Schluß, daß die Antworten auf ihre Fragen in einer schwer verständlichen Legende zu finden seien: Am Anfang zog sich Gott[2] in sich selbst zurück, um Platz für das Universum zu schaffen. In dem Raum, der durch seinen Rückzug entstand, erschuf er die Formen, aus denen die Welt bestehen sollte, und erfüllte jede mit göttlichem Licht.

Manche dieser Gebilde waren zu zart, um die gewaltige Macht Seines heiligen Feuers aufzunehmen, und deshalb zerbrachen sie. Das Zerbrechen der Formen führte zu einer kosmischen Krise. Jedes Fragment enthielt einen göttlichen Funken. Es wurde die Aufgabe der Menschen, die heiligen Funken wieder einzusammeln.

Die Legende vom Zerbrechen der Formen verbreitete sich zu einer Zeit, als das Volk einer schweren Prüfung seines Glaubens unterzogen wurde. Die Menschen lebten schon so lange in unerbittlicher Unterdrückung, daß sie an ihrer Rettung zweifelten.

In ihrer Not wandten sie sich an selbstherrliche Deuter ihres religiösen Gesetzes, die ihnen versicherten, alles werde gut werden, wenn die Menschen nur das taten, was ihnen gesagt wurde. Die gehorsame Unterwerfung unter das Diktat dieser dogmatischen Hüter der Tradition brachte die Menschen in hilflose Abhängigkeit. Sie konnten nicht mehr selbständig entscheiden, was für jeden einzelnen von ihnen wirklich richtig war.

Als der geduldige Gehorsam gegenüber der religiösen Obrigkeit die verzweifelte Lage nicht besserte, vertrauten die Menschen auf die Weissagungen selbsternannter Propheten. Die Wahrsager versicherten ihnen, die Zeit der Sorgen sei vorüber, denn die Dauer des Leidens sei ein sicheres Zeichen dafür, daß die lange erwartete Ankunft des Messias dicht bevorstehe. Die Menschen sahen leichtgläubig in diesen Botschaften so etwas wie wundertätige Zauberkräfte und warteten darauf, gerettet zu werden. Aber sie konnten immer noch nicht selbst entscheiden, wie sie leben sollten.

An dem Leiden änderte sich in den folgenden Jahren nichts, jedoch der Retter erschien nicht. Schließlich erkannten sie, daß sie verloren waren und in ihrem Elend allein blieben, ganz gleich, ob sie von der Obrigkeit oder von Zauberkunst abhängig waren.

An wen sollten sie sich wenden? Schließlich boten ihnen die Mystiker einer besonderen Gruppe eine praktische, aber befreiende und innerlich eindeutige Haltung zum Leben an, die das spirituelle Wachstum eines jeden, der damit in Berührung kam, förderte. Durch diese neue Einstellung entwickelten die Menschen das Selbstvertrauen, ihr Leben selbst in die Hand zu nehmen und es in Eigenverantwortung zu leben, denn »alles ist grundsätzlich allen zugänglich [...] alles wird immer wieder so schlicht und bildhaft wiederholt, daß jeder wirklich Glaubende es fassen kann«.[3]

Mit anderen Worten, die gewöhnlichen Menschen sollten einfach voll aufrichtiger Hingabe ihr alltägliches Leben leben, und das würde Gott gefallen. Als die Menschen begriffen, daß alles Wichtige im Leben für jeden erreichbar war, brauchten sie niemanden außer sich selbst, der ihr Handeln lenkte oder ihre Erfahrungen deutete.

Die Mystiker stellten die Legende vom Zerbrechen der Formen in einen größeren Zusammenhang, um alle damit ansprechen zu können. Sie verwiesen darauf, daß jeder von uns eine höhere Macht in sich trägt. Dadurch, daß er einfach den Beschäftigungen des Alltags nachgeht und innere Hingabe in alles Handeln legt, kann jeder Mensch Gott zuliebe das Leben bejahen, indem er die göttlichen Funken freisetzt, die in uns allen glühen.

Wir haben alle etwas Kostbares, das wir anbieten können – etwas, das in keinem anderen Menschen zu finden ist. Wenn wir uns liebevoll all dem zuwenden, was unser Herz bewegt, werden unsere persönlichen Schätze offenbar. Auf diese Art können wir uns an Gott erfreuen.

Dieses Wunder wird in der Geschichte von den sieben gelehrten Männern deutlich, die bei einem Lehrer des mystischen Wegs zu Gast waren. Der Lehrer fragte sie: »Wo wohnt Gott?« Sie lachten über ihn und erwiderten: »Was redest du da! Ist doch die Welt Seiner Herrlichkeit voll!«

Der Lehrer erkannte, daß die Besucher ihn nicht verstanden. Deshalb beantwortete er die Frage selbst und sagte: »Gott wohnt, wo man ihn einläßt. Man kann ihn aber nur dort einlassen, wo man steht, wo man wirklich steht, da, wo man lebt, wo man ein wahrhaft eigenes Leben lebt.«[4]

# TEIL I
## *Krisen als Möglichkeit, unser wahres Ich zu entdecken*

Richtet euch nicht nach dieser Welt,
sondern wandelt euch durch die
Erneuerung eures Bewußtseins.
*Römer 12:3*

Die Arbeit an mir kann nicht in einem
einzigen Leben abgeschlossen werden.
*Sheldon Kopp*

# 1
## *»Ich sehe«, sagte der Blinde*

Vor zwanzig Jahren machte ich eine so große Krise durch, daß ich mir damals nicht vorstellen konnte, wie daraus etwas Gutes entstehen sollte. Ich wurde unerwartet schwer krank, und die Ärzte sagten, mein Leben werde sehr viel kürzer sein, als sich dann später herausstellte.[5]

Nachdem ich mich von der ersten Operation erholt hatte, kam unser ältester Sohn in den Ferien nach seinem ersten Semester vom College zurück. John demonstrierte uns seine Entschlossenheit, eigene Wege zu gehen; er tauchte wochenlang in unserem Leben auf und verschwand wieder. Kurz vor Ende der Ferien richtete er es eines Abends so ein, daß er mich allein im Arbeitszimmer antraf, um mit mir ungestört darüber sprechen zu können, was jeder von uns bei dem Gedanken empfand, daß ich nicht mehr lange leben würde.

Unser liebevolles, tränenreiches Gespräch war emotional schmerzlich und gleichzeitig sehr befreiend. Es schien John zu trösten, als ich sagte, ich hätte mich mit dem Sterben abgefunden und sei entschlossen, mich in der mir verbleibenden Zeit am Leben zu freuen.

Mir wurde deutlicher als je zuvor bewußt, wie sehr ich meinen Sohn liebte. Ich hätte ihn als Freund geschätzt, wäre ich jünger und nicht sein Vater gewesen. Und wäre er älter und nicht mein Sohn gewesen, wäre ich glücklich gewesen, einen Vater zu haben wie den Mann, der John bald sein würde. All diese paradoxen Verkehrungen und Verbindungen von Gedanken und Gefühlen führten mir klar vor Augen, daß meine Aufgabe nun darin bestand, in der mir bleibenden Zeit ein liebevollerer Mensch zu werden – gegenüber mir selbst und gegenüber meiner Familie.

Bald nach unserem Gespräch ging John wieder ins College zurück. Einige Tage später schickte er mir ein Buch, das ihm zufällig in die Hände gefallen war. Die Geschichte eines blinden Jazz-Pianisten, den wir beide verehrten.

*Art Tatum saß in einer Spielpause allein*
*an einem Tisch in einer Bar in der 52th*
*Street und trank ein Bier aus der*
*Flasche. Von der Straße kam eine*
*Missionarin herein und trat zu ihm.*

*Sie sagte: »Unsere einzige Rettung liegt*
*darin, uns der Herde anzuschließen.«*
*Tatum trank wortlos einen Schluck Bier.*

*»Wenn Sie sich nicht der Herde anschließen, werden Sie eines von Gottes verirrten Kindern sein«, erklärte die Frau. Tatum griff wieder zur Bierflasche.*

*Als der Musiker der Ansicht war, die Missionarin habe ihn lange genug belästigt, zuckte er die Schultern und sagte leise:*

*»Alle Kinder Gottes haben sich verirrt, aber nur wenige können Klavierspielen.«*

Ich verstand die Botschaft, die John mir geschickt hatte. Angesichts des Todes fühlte ich mich nicht nur lebendiger, sondern die Krise hatte mich gelehrt, all das zu würdigen, was einmalig an mir ist, so wie der blinde Pianist seine Einzigartigkeit »sehen« konnte.

Mit dem eigenen Tod konfrontiert zu werden, ist die elementare Erfahrung des Verlorenseins und der Einsamkeit. Doch Begegnungen mit unserer Sterblichkeit sind nicht die einzigen Anlässe, unser Innerstes zu erforschen. Wir haben in jedem Augenblick des Lebens Gelegenheit, in größerer Übereinstimmung mit unserem wahren Ich zu leben – allerdings sind solche Anstöße in manchen Augenblicken stärker als in anderen. Von Zeit zu Zeit geraten wir alle in unangenehme Situationen, auf die wir uns nicht vorbereiten können. Oft wollen wir nicht mehr, als uns Erleichterung zu verschaffen. Tun wir das, können wir nur hoffen, so bald wie möglich zum Alltag zurückzukehren. Doch wenn wir die schnelle Lösung suchen, entgeht uns das, was wir vielleicht an neuer Selbsterkenntnis gewonnen hätten.

Betrachten wir dagegen jede Krise als einen Kreuzweg, haben wir die Möglichkeit, die Zerreißprobe in eine Chance zu verwandeln, die uns die Freiheit der Entscheidung gibt. Die Art, wie wir mit der Unordnung in unserem Leben umgehen, kann grundlegende Veränderungen bewirken – zum Besseren oder zum Schlechteren. *Anstatt ständig an die Ungerechtigkeit zu denken, die uns widerfahren ist, können wir uns auf unsere Freiheit konzentrieren: Wir können versuchen zu lernen, was die Krise uns lehren kann und uns für eine der Möglichkeiten entscheiden, die sie uns eröffnet.*

Es folgen einige Beispiele für die Art Situation, an die ich dabei denke. Von Zeit zu Zeit erleben wir alle Identitätskrisen – Augenblicke, in denen wir uns fragen, wer wir wirklich sind. Ironischerweise ermöglicht uns vielleicht gerade das Unbehagen herauszufinden, wie sehr wir uns von anderen Menschen unterscheiden. Dadurch können wir ihre Einmaligkeit erkennen, aber auch die Häufigkeit von Gemeinsamkeiten.

In unserem Bemühen, vernünftig, normal, verständig und beliebt zu sein oder auch nur zu einer Gruppe zu gehören, geben wir uns oft mit Beziehungen zufrieden, die mehr gesellschaftlich als persönlich, mehr förmlich als spontan und mehr oberflächlich als intim sind. Wenn wir unsere Eigenarten ignorieren und unsere Art, das Leben zu erfahren, verbergen, schließen wir andere aus. Sind wir zur Offenheit in unseren Gedanken und Gefühlen bereit – ganz gleich, wie irrational sie uns im Augenblick erscheinen –, zeigen wir uns nackt und entblößt, anstatt in Kostümierungen zu ersticken, die uns falsch darstellen, weil wir die Enthüllung fürchten. *Wenn wir es vermeiden, anderen unser wahres Ich zu zeigen, fälschen wir das Bild von uns auf eine Art und Weise, die uns selbst ebenfalls täuschen kann.*

Wir erleben immer wieder Vertrauenskrisen, in denen alles in Frage gestellt wird, woran wir glauben. Bringen wir den Mut auf, unseren Zweifeln bis an den Rand der Leere und der Unsicherheit zu folgen, stellen wir vielleicht fest, daß sich das Vertrauen in das, woran wir glauben, gestärkt hat. *Nur wenn wir diese heilige Unsicherheit zulassen und ertragen, bleiben wir in Berührung mit der höheren Macht in uns, die sonst verborgen ist.* Sobald wir riskieren, offen und vertrauensvoll zu leben, verlieren wir möglicherweise das Interesse daran herauszufinden, was richtig und was falsch ist. Wir leben dann ein Leben, das uns lohnend erscheint, ganz gleich, wie es auf andere wirken mag.

An manchen Punkten, besonders in der Lebensmitte, stehen die meisten von uns vor existentiellen Krisen, die den Sinn unseres Lebens in Zweifel ziehen. Wenn wir es wagen, mit unerbittlicher Ehrlichkeit zu untersuchen, wie wir gelebt haben, können wir unser Leben neu gestalten, indem wir uns bewußt dafür entscheiden, nach unseren eigenen Werten und Wünschen zu leben. Wir sind dann damit beschäftigt, auf unsere, allein für uns sinnvolle Weise zu leben, und verschwenden keine Zeit mit Nachdenken über den letzten Sinn des Lebens.

Ganz offensichtlich ist die Kindheit an der Formung unserer Persönlichkeit beteiligt, aber wir alle sind Einflüssen unterworfen, in die wir erst geraten, wenn wir schon lange erwachsen sind. Kinder, die emotional gut auf das Leben vorbereitet wurden, entwickeln ein beruhigend klares Gefühl dafür, wer sie sind. Wenn die Zeit gekommen ist und sie vor der Aufgabe stehen, einen Partner zu finden, ihre berufliche Laufbahn zu planen und eine eigene Familie zu gründen, wissen sie, wie sie diese Dinge bewältigen.

Nachdem wir mit Erfolg traditionelle, praktische Ziele erreicht haben, und selbst wenn alles gut zu gehen scheint, gibt es trotzdem Augenblicke, in denen jeder verunsichert genug ist, um sich zu fragen: »Was hat das alles zu bedeuten?« und: »Ist das wirklich alles, was das Leben mir zu bieten hat?« Die Unruhe hinter diesen bohrenden Fragen weist auf eine tiefer liegende Vertrauenskrise hin. Um das Unbehagen loszuwerden und unsere Unsicherheiten zu verstehen, müssen wir zuerst unsere Gefühle als das erkennen, was sie sind – *der hungrige Aufschrei einer unzufriedenen*

*Seele*. Es ist eine innere Stimme, auf die wir tagtäglich immer wieder achten müssen.

Die Lage wird in normalen Situationen klar erkennbar wie am Beispiel der Familie beim Essen, die Joseph Campbell beschreibt. Der Vater fordert seinen Sohn auf, den Tomatensaft zu trinken. Aber der Sohn weigert sich entschieden, weil er keinen Tomatensaft mag. Als der Vater ärgerlich erklärt, der Junge müsse tun, was ihm gesagt wird, mischt sich die Mutter ein und sagt: »Zwing ihn nicht, etwas zu tun, was er nicht tun will.« Der Vater sieht sie finster und verächtlich an und sagt tadelnd: »Er kann im Leben nicht nur tun, was er will. Wohin kämen wir, wenn die Leute einfach nur das tun würden, was sie wollen? Ich bemühe mich immer, das zu tun, was man von mir erwartet. *Ich habe in meinem ganzen Leben noch nie etwas getan, nur weil ich es tun wollte.«*[6] Welch traurige Feststellung für einen Mann im mittleren Alter!

Die inneren Sehnsüchte der Midlife-Crisis lassen sich nicht durch ein weiteres Kind oder eine Beförderung stillen. Außereheliche Beziehungen und ein neuer Arbeitsplatz mögen als zeitweilige Ablenkungen dienen, aber sie nehmen uns nicht die Angst vor dieser Leere in unserem Leben.

*In solchen Zeiten müssen wir bewußt auf unsere innere Stimme hören*. Anstatt uns in Ablenkungen und Zerstreuungen zu stürzen, die vorübergehend als Beruhigungsmittel wirken, oder einfach das zu tun, was man von uns erwartet, müssen wir anfangen, unsere persönlichen Bedürfnisse zu beachten. Wir müssen uns entschließen, Erfahrungen zu suchen und Aktivitäten nachzugehen, die unserem Leben mehr Sinn geben. Allerdings können wir nur selten den inneren Wandel vollziehen, der für die Aussöhnung mit uns selbst notwendig ist, und »unserem Glück nachstreben«, ohne dabei Zeiten der Unruhe, Zerrissenheit und Isolation zu erleben. Doch wenn wir bereit sind, einsame Selbsterforschung auf uns zu nehmen, können wir unser Handeln und unsere Gefühle verändern.

Viele Menschen gehen auf Nummer Sicher und akzeptieren konventionelle Regeln der Lebensführung. Sie meiden das Risiko, ihr innerstes Ich zu erforschen, und folgen gesellschaftlich sanktionierten Bahnen. Sie versuchen, die innere Leere durch begehrenswerten materiellen Besitz und von der Allgemeinheit anerkannte Leistungen zu füllen. Oft bezahlen sie ihr oberflächliches Gefühl der Sicherheit mit dem Verlust der einzigartigen Belohnungen, die das Wagnis mit sich bringt, allein in die im Dunkeln liegenden Bereiche der Seele vorzudringen und dort vielleicht unvorhergesehene Möglichkeiten für ein farbigeres, kreativeres und letztlich befriedigenderes Leben zu entdecken.

Entscheiden wir uns dafür, Antworten auf unsere Unruhe zu suchen, müssen wir loslassen, was uns vertraut erscheint und nach dem greifen, was noch unbekannt ist. In einer solchen Zeit haben vielleicht selbst Menschen mit dem größten Selbstvertrauen das Bedürfnis nach Unterstützung durch andere. Trotzdem müssen wir einen großen Teil dieser Reise allein machen.

Oft zögern wir, zu tief in unbekannte Aspekte unseres Ichs vorzustoßen, als fürchteten wir, dunkle, schreckliche Geheimnisse ans Licht zu bringen oder Dämonen freizusetzen, die außer Kontrolle geraten. Wir scheuen davor zurück, aus Angst, wir könnten uns so sehr verirren, daß wir den Rückweg nicht mehr finden. Manche von uns sind sehr verletzlich. Sie überwinden zwar unnötige Ängste, brauchen aber professionelle Helfer und Führer auf dem Weg. Wir müssen vorsichtig entscheiden, wessen Hilfe wir annehmen; die wichtigste Frage dabei sollte sein, ob der andere daran interessiert ist, daß wir frei und unabhängig werden.

Wir bitten vielleicht Autoritäten um Anleitung oder benutzen Wege, die unsere Freunde gehen, statt unseren eigenen Vorstellungen zu folgen. Übernehmen wir dagegen die volle Verantwortung für die Entscheidung, wie wir leben wollen, riskieren wir das Ringen mit unseren inneren Dämonen, aber wir sind frei von der Selbstzufriedenheit, die verhindert, daß wir erkennen, wie einzigartig wir sein können. Paradoxerweise stoßen wir in den abgelegensten Grenzgebieten, wo wir uns am stärksten von anderen unterscheiden, auf den Aspekt in uns selbst, in dem wir ihnen am meisten gleichen – die aufrichtige Sorge um unsere Lebensqualität.

Wie drückt sich unser Bemühen im Alltag aus? Was ist notwendig, um wirklich lebendig zu sein? Die Antwort lieferte ein Schüler auf die Frage: »Was war für euren Lehrer das Wichtigste?« Er erwiderte: »Das womit er sich gerade befaßte.«[7]

Ich kann keinem die zehn Grundsätze beibringen, nach denen er das Beste aus seinem Alltag macht, aber »ein kleines Kind und ein Dieb können sie dir zeigen«:

*Drei Dinge wirst du von dem Kinde lernen:*
*es ist fröhlich, ohne eines Antriebs zu bedürfen;*
*keinen Augenblick verweilt es müßig;*
*und woran es Mangel hat, weiß es kräftig*
*zu begehren.*

*In sieben Dingen wird dich der Dieb unterweisen:*
*er tut seinen Dienst in den Nächten;*
*erlangt er's nicht in einer Nacht, so wendet er*
*die kommende daran;*
*er und seine Werkgenossen lieben einander;*
*er wagt sein Leben um ein Geringes;*
*was er erbeutet hat, gilt ihm so wenig, daß er*
*es um die schlechteste Münze hingibt;*
*er läßt Schläge und Plagen über sich ergehen,*
*und es ficht ihn nicht an,*
*sein Handwerk gefällt ihm wohl, und er tauscht*
*es für kein andres ein.*[8]

Paradoxerweise können wir keinen Anspruch auf alltägliche Freuden erheben, ohne zuerst das Leid zu akzeptieren. Kommt es zu einer Krise, müssen wir bereit sein, das Beste daraus zu machen.

Um uns auf diese Gelegenheit zur Veränderung vorzubereiten, dürfen wir nicht vergessen, daß es zwei Arten von Leid und zwei Arten von Freude gibt. Brütet ein Mensch über sein Unglück nach, verkriecht sich in eine Ecke und gibt die Hoffnung auf Hilfe auf, ist das ein nutzloses Leid. Die andere Art Leid ist der echte Schmerz eines Menschen, der sich mit dem Verlust abfindet und weitergeht zu anderen Erfahrungen.

Das trifft auch für Freude zu. Manche Menschen flüchten sich in oberflächliche Genüsse, um der inneren Leere und der Selbsterforschung auszuweichen, die notwendig ist, um etwas zu verändern. Das ist hohle Freude. Jemand, der wirklich fröhlich ist, gleicht einem Menschen, dessen Haus abgebrannt ist: Tief im Innern spürt er ein Bedürfnis und beginnt, von neuem zu bauen. Er ist glücklich über jeden Stein, der gelegt wird.[9]

Für mich kam der Wendepunkt, als ich mich der Aussicht auf meinen Tod stellen mußte. Diese entscheidende Krise erlaubte mir, meine Prioritäten so neu zu ordnen, daß ich jetzt erfüllter lebe. Um mich so weit zu verändern, mußte ich eine Zeitlang allein und verloren wandeln, während ich mein Innerstes erforschte, um herauszufinden, wer ich wirklich bin.

Hätte ich die heilige Unsicherheit des einsamen Forschens nicht ertragen, hätte ich nicht die Grundlage schaffen können, auf der ich jetzt stehe und mich zu Hause fühle – ein Platz, der wirklich mir gehört.

Nachdem ich die Isolation durchlitten hatte, die das Zurückziehen in mich selbst bedeutete, konnte ich an den Platz zurückkehren, von dem ich ausgegangen war, als sei es das erste Mal. Wie der blinde Art Tatum sah ich, daß die Musik, die ich spielen wollte, ein Lied über meinen eigenen, besonderen Platz unter den Menschen war, die ich liebe.

## 2
## *Das Akzeptieren unserer Schwächen setzt unsere Stärken frei*

Man erzählt eine Geschichte von einem tauben Mann, der an einem Haus vorüberging, in dem eine Hochzeit gefeiert wurde. Die Musikanten saßen in einer Ecke und spielten, und die Gäste tanzten fröhlich zu der heiteren Musik, die das Haus erfüllte.

Der taube Mann blickte durch das Fenster. Die Musikanten waren seinem Blick entzogen, und er sah nur die Hochzeitsgäste durch den Saal kreisen. Da er die Musik nicht hören konnte, kam der Mann zu dem Schluß, das Haus sei voller Verrückter. Er ging eilig davon, um die anderen Bewohner seiner Gemeinde zu warnen, damit sie das Haus mieden.[10]

In Zeiten des persönlichen und geistigen Wandels tanzen wir zu unserer eigenen Musik, die andere nicht hören können. Das gilt besonders dann, wenn wir eine innere Krise von solcher Intensität durchmachen, daß andere sich die Orientierungslosigkeit, die wir erleben, nicht vorstellen können. Oft bedeutet das, daß wir viele der üblichen gesellschaftlichen Normen aufgeben, nach denen Einstellungen und Verhalten als passend, anständig, richtig oder auch vernünftig gelten. Anderen entgeht vielleicht, daß wir diese Veränderung vollziehen, aber um den größten Nutzen daraus zu ziehen, müssen wir das Risiko eingehen, daß sie uns als verrückte Tänzer betrachten.

Wenn wir nicht bereit sind, uns eine Zeitlang aus unserem sozialen Kontext herauszuziehen, werden wir nicht unterscheiden können zwischen dem, *wer wir wirklich sind* und dem, *wer wir nach den Erwartungen anderer sein sollen.* Die Isoliertheit von anderen Menschen, die sich einstellt, während wir unsere Eigentümlichkeiten erforschen, ist möglicherweise unbequem, aber die Trennung muß nicht von Dauer sein.

Die Jugend ist ein passendes Beispiel. Der Jugendliche muß mit den Werten der Eltern brechen, um eines Tages als selbständiger Mensch nach Hause zurückkehren zu können. Die Veränderung ist für alle Betroffenen schmerzlich, doch die Bindung muß gelöst werden, bevor eine Beziehung zwischen Erwachsenen möglich ist.

In diesen schwierigen Jahren beklagte sich einer meiner Söhne einmal bei mir, weil seine Freunde mich für »*cool*« hielten. Er sagte, ich begreife nicht, wie schwer ich es ihm machen würde, die Phase zu durchlaufen, in der Jugendliche ihre Eltern als »Gruftis« ansehen müssen.

Persönliche Veränderungen vollziehen sich spiralenförmig. Wir beginnen damit, daß wir uns so sehen, wie andere uns sehen; wir ziehen uns zurück, um herauszufinden, wer wir wirklich sind, und kehren zum Ausgangspunkt zurück. Dort angelangt, erkennen wir deutlich, wo wir stehen – als sei es zum ersten Mal.

Ich erinnere mich an mein eigenes Unbehagen, als ich, bereits erwachsen, eine Veränderung durchmachte, die sich in solchen Schleifen und Wendungen vollzog. In meiner Jugend und selbst noch als über Zwanzigjähriger gelang es mir nie, anderen das Richtige zu sagen. Ich verließ mich hartnäckig darauf, daß meine intellektuellen Fähigkeiten meine gesellschaftliche Unbeholfenheit ausglichen.

Fühlte ich mich auf einer Party unwohl, hielt ich Kurzvorträge über esoterische Philosophie. Ich schaffte es nie, mich über belanglose, vertraute Themen zu unterhalten, damit andere Menschen sich in meiner Gegenwart wohlfühlten. Ich sah mich damals als faszinierende Persönlichkeit. Rückblickend ist mir klar, daß die anderen, scheinbar interessierten Gäste vermutlich meine Arroganz nur höflich ignorierten.

Wenn ich einen gewissen Erfolg hatte, empfand mein wahres Ich ihn als zerbrechliche Fassade, die kaum die innere Leere und das Gefühl des Ungenügens verdeckte.

Familie, Freunde und kulturelle Botschaften hatten alle klargestellt, daß mein Wert daran gemessen wurde, wie gut ich mit anderen Menschen zurechtkam – ganz gleich, wie schlecht ich mit mir selbst zurechtkam.

Beurteilte ich mich nach diesen Maßstäben, kam

ich meistens zu dem Schluß, daß ich ein Versager war. Es gelang mir, mich auf eine gesellschaftlich akzeptable Weise zu verhalten, doch insgeheim kam ich mir immer wie ein Außenseiter vor. Es gelang mir vielleicht, andere soweit zu täuschen, daß sie mich für einen normalen Menschen hielten, aber ich hatte das Gefühl, für die menschliche Gesellschaft ungeeignet zu sein.

Beinahe alle konnten zu anderen eine angemessene Beziehung aufnehmen, nur ich kam nie dahinter, wie ich das anstellen sollte. Ich hatte ein paar Freunde – gesellschaftliche Außenseiter wie ich selbst. Sie waren zwar sehr intelligent, aber keiner von ihnen hatte einen richtigen Schulabschluß. Wenige hielten es lange in einer Stellung aus, und keiner war bei »konventionellen« Leuten beliebt.

Einige dieser Außgestoßenen endeten im Gefängnis oder in einer psychiatrischen Anstalt. Andere standen ständig unter Drogen und starben an einer Überdosis. Ich hielt mich für ebenso absonderlich und rechnete damit, auch meine Persönlichkeit sei für immer ruiniert. Ich konnte mir nicht vorstellen, daß ich jemals mit mir selbst gut zurechtkommen und für ein paar andere Menschen annehmbar sein würde.

Rückblickend erkenne ich, daß sich der Wandel allmählich vollzog. Während dieser Zeit erlebte ich die Veränderung als plötzlichen, unerwarteten Zusammenprall mit der Außenwelt. Es war, als hätte ich eine Barriere niedergerissen, die mir im Weg stand, ohne daß ich von ihrer Existenz etwas geahnt hatte.

Meine sozialen Probleme erreichten einen Krisenpunkt, als mein Intellekt nicht länger die Schwierigkeiten im Umgang mit anderen ausglich. Während der Zeit beim Militär mußte ich mein Psychologiestudium zwei Jahre unterbrechen. Nachdem ich als Zivilist wieder an die Universität zurückkam, brauchte ich viele Monate, um mich von neuem an das akademische Leben anzupassen.

Als ich eingezogen wurde, hatte ich mein Studium praktisch abgeschlossen, konnte aber das mündliche Examen erst nach der Entlassung aus dem Militärdienst ablegen. Wegen der langen Unterbrechung mußte ich monatelang intensiv lernen, um mich auf das Examen vorzubereiten.

Auf dem Weg zum Prüfungsraum war ich sicher, daß ich den Stoff beherrschte, dessen Kenntnis von mir erwartet wurde. Aber die Aussicht auf das Zusammentreffen mit den Prüfern machte mich nervös.

Während meiner Abwesenheit hatte es viele Veränderungen in der Fakultät gegeben, und so war der einzige Mensch im Prüfungsausschuß, den ich kannte, die Vorsitzende. Ich hatte mir über die anderen so viele Informationen wie möglich beschafft, indem ich ihre Publikationen las und den Unterhaltungen der Studenten im Abschlußsemester zuhörte.

Ich erschien pünktlich, aber mir wurde mitgeteilt,

es gebe eine halbstündige Verspätung. Ich sollte solange im Flur vor dem Prüfungsraum warten. Als man mich aufrief, war ich so angespannt und nervös, daß sich mein vorheriges Selbstvertrauen in Nichts aufgelöst hatte. Durch den gesteigerten Streß stieg mein Blutdruck, und meine chronisch schwachen Nasenmembranen waren überlastet. Als ich vor dem Ausschuß Platz nahm, bekam ich starkes Nasenbluten.

Angesichts der korrekten, würdevollen Haltung der Prüfer, meiner akademischen Gegner, wirkte der Vorfall völlig fehl am Platz. Ich hatte das verzweifelte Bedürfnis, meine Haltung zurückzugewinnen und den sozialen Kontakt wieder herzustellen. In typischer Fehleinschätzung versuchte ich, komisch zu sein, und erklärte den ernsten Autoritäten, mein Unterbewußtsein stelle durch das Nasenbluten die Frage: »Was muß ich tun, um das Examen zu bestehen – verbluten?« Keiner der Prüfer verzog auch nur den Mund zu einem Lächeln.

Von diesem Punkt an ging es bergab. Jeder unbekannte Professor stellte eine Frage, und ich gab ihm eine Antwort, von der ich hoffte, sie entspreche seiner akademischen Ausrichtung. Mir wurde bald klar, daß ich nicht gut war, aber ich hangelte mich weiter, so gut ich konnte.

Etwa nach einer halben Stunde bat mich die Vorsitzende, draußen zu warten, während entschieden wurde, ob ich das Examen bestanden hatte oder nicht. Zehn Minuten später kam sie heraus und verkündete mir das Ergebnis – ich war nicht durchgefallen, hatte aber auch nicht bestanden. Die Prüfer waren zu dem Schluß gekommen, ich beherrsche zwar den Stoff, habe jedoch ihre Fragen nicht gut genug beantwortet, um zu bestehen. Sie vertagten das Examen für sechs Monate, in denen ich daran arbeiten sollte, klarer auszudrücken, was ich ihnen von meinem Wissen mitteilen wollte. Die Vorsitzende beruhigte mich in Hinblick auf meine Chancen beim nächsten Examenstermin. Sie sagte: »Ich bin sicher, Sie haben die Literatur gründlich gelesen und verstehen die Gedankengänge. Ihr Problem ist, daß Sie zu sehr bemüht waren, jedem der Professoren das Richtige zu sagen, und damit haben Sie sich oft selbst im Weg gestanden. Nutzen Sie die nächsten sechs Monate, um den Stoff noch einmal durchzugehen, und arbeiten Sie daran, größere Distanz zu finden. Versuchen Sie beim nächsten Examen zu vergessen, daß Sie den Prüfern gefallen wollen. Beantworten Sie jede Frage einfach so, als komme sie aus einem schwarzen Kasten.«

Im folgenden halben Jahr lernte ich für das nächste Examen. Daneben suchte ich bewußt einen anderen Weg, meine persönliche Unbeholfenheit zu umgehen, als mich durch soziale Situationen hindurch zu *denken.* Ich versuchte, meine Neigung, Dinge zu sagen, die andere verstimmten, wegzuanalysieren, aber das schien ein unlösbares Problem zu sein. Intellektuelle Akrobatik funktionierte nicht, und der Versuch, mein

Sozialverhalten durch Willenskraft zu verbessern, machte die Sache nur schlimmer.

Nach einer Weile gab ich verzweifelt auf. Sobald ich mich damit abfand, daß ich in der Krise steckte, setzten meine Wandlungsträume ein. Der zentrale Traum der Reihe begann in einem Country Club. Ich stand allein mitten in einer Gruppe Leute, die sich locker miteinander unterhielten, und fühlte mich unbehaglich. Es schien qualvoll deutlich zu sein, daß ich nicht zu ihnen paßte. Ich versuchte, zum Ausgang zu gehen, aber die anderen Clubmitglieder versperrten mir den Weg und erklärten, niemand dürfe das Gelände verlassen. Ich sagte, ich müsse mich nicht an ihre albernen Regeln halten und werde einen anderen Platz finden, der mir besser gefalle.

Ich zerriß meinen Mitgliedsausweis und stürmte durch die Tür des Clubgebäudes nach draußen. Ich befand mich in einem Tal, das auf allen Seiten von hohen Bergen umgeben war, und das ganz von dem prächtig angelegten Gelände um das Clubgebäude ausgefüllt wurde, aus dem ich gerade geflohen war. In der Hoffnung, einen besser geeigneten Club zu finden, beschloß ich, das Tal zu verlassen.

Nachdem ich eine Weile bergauf gestiegen war, stieß ich auf einen Einsiedler, der vor dem Eingang einer Höhle stand. Ich versuchte, von ihm zu erfahren, wie lange es dauern würde, bis ich den Gipfel erreichte, und er erkundigte sich, wohin ich wolle. Ich erzählte ihm, ich sei gerade aus dem Country Club im

Tal geflohen und wolle zur anderen Seite des Berges.

Der alte Mann lachte und sagte: »Wenn du die Augen schließt, wirst du sehen, daß *dies die andere Seite des Berges ist.*« Mit geschlossenen Augen stieg ich wieder ins Tal und stellte fest, daß sich das gepflegte Gelände des Country Clubs in ein Wunderland von Wäldern, Feldern und Bächen verwandelt hatte.

Als ich am nächsten Tag über den Traum nachdachte, begriff ich, daß jedes Bild für einen Teil meiner selbst stand – der Club war der einengende Wunsch dazuzugehören, die Flucht war mein Widerstand, der zu nichts führte, der Einsiedler war die Weisheit, die ich vielleicht erlangte, wenn ich mich näher mit meiner Isolation und den hoch aufragenden Bergen meiner Arroganz befaßte. Wo die andere Seite des Berges war, hing von meinem Standort ab. Für mich repräsentierte dies auch die andere Seite meines Konflikts zwischen Introvertiertheit und Extrovertiertheit.

Bis zu diesem Zeitpunkt hatte ich mich als *defekten Extrovertierten* betrachtet. Die Menschen, so dachte ich, müßten extrovertiert sein, und deshalb sah ich mich in dieser Hinsicht als Versager. Die Träume halfen mir, eine Möglichkeit zu entdecken, an die ich nicht gedacht hatte: Nicht jeder ist extrovertiert – oder sollte es sein. Ich konnte mich beruhigen und mir erlauben, der *absolut Introvertierte* zu sein, der ich in Wirklichkeit bin.

Für kurze Zeit nahm ich weiterhin gelegentlich Einladungen zu Partys an. Ich aß dann immer so viele gesalzene Nüsse, daß ich durstig wurde, und nach zwei oder drei Martinis unterhielt ich mich mit Fremden über Gott und die Welt und erzählte Geschichten. Dieses Posieren schien meinen Drang zu befriedigen, ein erfolgreicher Extrovertierter zu sein, aber ich erkannte, daß es mir nie wirklich Spaß machte. Am nächsten Morgen erwachte ich unweigerlich mit Magenschmerzen von den Erdnüssen, einem Kater von den Martinis, hatte die Nase voll von Geselligkeit und beschloß, Partys künftig zu meiden.

Ich gab es völlig auf, auf Partys zu gehen. Anfangs verstand ich den neuen Anspruch auf Introvertiertheit falsch und glaubte, ich könne nur als Einsiedler glücklich sein, der ausschließlich in seinem Kopf lebte. Ich zog mich in mich selbst zurück und sprach eine Zeitlang kaum mit anderen. Die Isolation war schmerzlich und einsam.

Allmählich stellte ich fest, daß mich das, was in meinem Kopf vorgeht, häufig mehr fasziniert als die meisten anderen Leute und die Ereignisse um mich herum. Deshalb brauchte ich viel Zeit für mich, um zu lesen, zu schreiben, zu meditieren und Musik zu hören. Ich erkannte jedoch auch, daß ich bei ein paar wenigen guten Freunden ich selbst sein wollte. Konventionelle soziale Interaktionen empfinde ich nach wie vor als schwierig, doch es gelingt mir besser, persönliche Kontakte mit einzelnen Menschen zu schließen.

Ich fühle mich immer noch unbehaglich in einem sozialen Kontext, der konventionelles und höfliches Verhalten von mir verlangt. Aber ich akzeptiere besser, daß ich Geselligkeit mit Menschen meide, die ich kaum kenne. Wenn andere, die ich schätze, persönlich und heiter sein wollen, verbringe ich gern Zeit mit ihnen. Sind sie in schlechter Stimmung, genieße ich lieber mein Alleinsein.

Ich kann nicht auf eine Weise ich selbst sein, die bei den meisten Menschen ankommt. Aber wie viele Freunde brauche ich? Seit ich akzeptiert habe, daß ich mich unwohl fühle, wenn ich versuche, ein anderer zu sein, als ich tatsächlich bin, habe ich mich auch mit der Tatsache abgefunden, daß es vielen Menschen schwerfällt, mit mir auszukommen. Glücklicherweise können einige wenige diese Seite an mir soweit akzeptieren oder tolerieren, daß wir eine ungezwungene Beziehung haben, die frei ist von den Spannungen, die Verstellung mit sich bringt.

Ich genieße das freie Spiel der Intimität in diesen ausgewählten Beziehungen, und ich bin nicht mehr bereit, mich mit der Unzahl förmlicher gesellschaftlicher Begegnungen abzufinden, die sich früher in meinem Leben häuften. Abgesehen von unumgänglichen praktischen Erfordernissen, wie dem Gang zur Bank oder Gesprächen mit Handwerkern, meide ich konventionelle Kontakte völlig. Die Beziehungen mit meiner Familie, ein paar guten Freunden und den Patienten befriedigen mein Bedürfnis nach persönlichen Kontakten mit anderen Menschen völlig. Aber selbst in diesen wenigen Beziehungen, die ich sehr schätze, habe ich manchmal das Gefühl, den anderen zu sehr ausgesetzt zu sein, und habe genug von Menschen.

Man erzählt eine Geschichte von einem Gast, der den Gastgeber fragte, weshalb die Vorhänge an den Fenstern zugezogen seien. »Wenn man will, daß die Leute hineinschauen, wozu der Vorhang? Und wenn man's nicht will, wozu das Fenster?« [...] Der Gastgeber erwiderte: »Wenn man einen, den man liebt, hereinschauen lassen will, zieht man den Vorhang weg.«[11]

Meine Art der Therapie spiegelt ebenfalls die Akzeptanz meiner Introvertiertheit. Ich nehme niemanden als Patienten an, wenn ich in dem oder der Betreffenden nicht einen Menschen sehe, mit dem mir das Zusammensein persönlich sinnvoll erscheint. Wir lernen uns gegenseitig kennen, indem wir uns direkt, ohne den sozialen Firnis ritueller Konversation enthüllen. Wir leisten unsere professionelle therapeutische Arbeit auf dem Phantasie-Spielplatz unserer persönlichen Beziehung.

Meine persönlichen Veränderungen, wie die gerade beschriebenen, haben viele verschiedene Richtungen genommen. Jede Veränderung hat sich langsam entwickelt. Ich erwarte, daß ich mich mein ganzes Leben hindurch verändere, daß ich die sogenannten Unreinheiten herausfiltere und weniger das werde, was andere von mir erwarten, als das, was ich wirklich bin. Die Arbeit an mir kann nicht in einem einzigen Leben beendet sein.

Wenn wir uns verändern und das werden wollen, was wir wirklich sind, müssen wir lernen, uns auf unsere persönlichen Maßstäbe zu verlassen. Es gibt eine Geschichte über einen Lehrer namens Sussja und seine Schüler. Die Schüler fragten ihren Lehrer: »Warum lehrst du auf diese Weise, obwohl Moses auf eine andere Weise gelehrt hat?«

»In der kommenden Welt«, erwiderte der Lehrer, »wird man mich nicht fragen: ›Warum bist du nicht Moses gewesen?‹ Man wird mich fragen: ›Warum bist du nicht Sussja gewesen?‹«[12]

## 3
## *Manchmal entspricht unser wahres Ich nicht der Vorstellung anderer davon, wie wir sein sollten*

Man erzählt die Geschichte von einem Kaufmann namens Sanniasin, der eine große Summe aus dem Familienbesitz erbte.[13] Er verkaufte sein Geschäft, erwarb ein großes Haus neben einem Tempel und verbrachte seine Tage mit dem Studium der heiligen Schriften. Das einzig Störende in dem sonst friedlichen und frommen Leben des heiligen Mannes von eigenen Gnaden war Schudra, ein armer Straßenfeger, der gegenüber von Sanniasins prächtigem Haus eine schäbige Hütte gemietet hatte.

Wenn der Reiche aus dem Fenster seines Studierzimmers blickte, sah er Schudra oft nach einem harten Arbeitstag betrunken nach Hause kommen. Der Wein am Abend brachte dem armen Mann die einzige Erleichterung in seinem schwierigen und traurigen Leben. Schudra versuchte zwar immer und immer wieder, das Trinken aufzugeben, doch am Ende jedes elenden und erschöpfenden Tages betrank er sich von neuem. Am nächsten Morgen bedauerte er regelmäßig, daß er sich am Abend zuvor hatte gehen lassen, und betete zu Gott um Vergebung.

Eines Abends rief der fromme Mann dem Straßenkehrer zu: »Wie kannst du so leben? Wenn du dich nicht änderst, wirst du im nächsten Leben für deine Sünden bestraft werden.« Die Ermahnung des reichen Nachbarn machte Schudra zwar Schuldgefühle, aber er betrank sich weiterhin. Da Sanniasins Rat Schudra nicht von seinem schlechten Lebenswandel abhielt, wurde er so wütend auf den Straßenkehrer, daß er begann, dessen Sünden zu zählen; jedesmal, wenn er den armen Mann ertappte, wie er betrunken nach Hause kam, legte der Reiche einen kleinen Stein beiseite.

Nachdem Sanniasin mehrere Wochen über Schudras Sünden Buch geführt hatte, rief er ihm einmal zu: »Sieh dir diesen Haufen Kieselsteine an! Jeder Kiesel bedeutet, daß du einmal betrunken warst, und das sogar nachdem ich dich gewarnt hatte, daß deine schlechten Gewohnheiten dich auf alle Ewigkeit in die Hölle verdammen.« Der unglückliche Straßenfeger zitterte beim Anblick der Kieselsteine, die die Häufigkeit seiner Sünden spiegelten, und er flehte zu Gott, er möge ihn von seinem erbärmlichen Leben erlösen.

Der Herr hörte Schudras Gebete und schickte den Todesengel, der ihn aus seinem Elend befreite. Am selben Tag starb auch Sanniasin.

Die Boten des Himmels kamen herab, um Schudras Seele hinauf an den Ort des ewigen Friedens zu bringen. In diesem Augenblick stiegen die Abgesandten der Unterwelt nach oben, um Sanniasins Seele hinunter in die Hölle zu zerren. Beide Männer waren überrascht.

Der dankbare Straßenkehrer schwieg, aber der empörte fromme Mann rief zu Gott: »Das nennst du Gerechtigkeit? Ich habe mich mein Leben lang in die heiligen Schriften vertieft und werde zur Hölle verdammt, während dieser Säufer, dessen Sünden ich gezählt habe, in den Himmel kommt!«

Die Boten Gottes erwiderten: »Du hast deine Tage damit verbracht, das Bild zu bewundern, das du dir von dir selbst gemacht hattest. Der Herr schickt dich in die Hölle, damit du deutlicher erkennst, was für eine Seele du hast. Schudra hat gesündigt, aber seine ehrlichen Versuche, mit dem Trinken aufzuhören, haben die Aufrichtigkeit seines Herzens gezeigt. Deine eitle Beschäftigung mit dem Zählen *seiner* Sünden hat die versteckten Schlechtigkeiten in deinem Herzen zum Vorschein gebracht. Du berauschst dich an der Eitelkeit, und das zeigt, wer in Wahrheit der betrunkene Sünder ist, nämlich *du* und nicht Schudra.«

Wie Sanniasin wollen viele von uns glauben, daß sie etwas Besonderes sind, daß ihre Bemühungen gut zu sein, besser sind als die eines anderen. Wenige von uns sind wie Schudra bereit, die Kämpfe gegen die eigenen Schwächen offen zu enthüllen. Die meisten haben das dringende Bedürfnis, normal und nett zu erscheinen. Aber wir können dieses idealisierte Bild von uns nicht aufrechterhalten, ohne auch uns selbst gegenüber die wahren Teile unseres Wesens zu leugnen, die nicht in das Bild von uns passen, das die anderen sehen sollen.

Wenn wir zu verbergen versuchen, was in unserer Vorstellung exzentrisch oder sonderbar wirken könnte, riskieren wir auch, den Reichtum der außergewöhnlichen Aspekte unseres Wesens zu verstecken. *Jeder von uns trägt etwas Kostbares in sich, das in keinem anderen zu finden ist.* In jedem einzelnen Menschen verbinden sich die universellen menschlichen Möglichkeiten auf einmalige Weise. Die Farbigkeit unserer individuellen Persönlichkeit tritt deutlich zutage, wenn wir aufmerksam beobachten, wohin unser Herz uns zieht, und uns dann dafür entscheiden, mit all unserer Kraft diesen persönlichen Weg zu gehen. Der wahre Wert unserer Leistungen liegt darin, daß wir sie *auf unsere Weise und durch eigene Anstrengungen* zuwege bringen. Die Kehrseite der einzigartigen Herrlichkeit der Seele ist die niedere Perversität, ihr dunkler Zwilling. Die höhere Macht, die in jeder Seele liegt, kann nur beschworen werden, wenn wir auch bereit sind, die Dämonen in uns zu rufen, die gegen das Zutagetreten dieser höheren Macht kämpfen. Der beste Mensch zu werden, der wir werden können, verlangt, daß wir auch das Schlechteste in uns akzeptieren.

Nur wenn wir das idealisierte Bild der Person beiseite schieben, die wir unserer Meinung nach sein sollten, ermöglichen wir das Zutagetreten der schwierigen Verbindung von Stärke und Schwäche, die unser wahres Ich ist. Die Spannung zwischen dem Kreativen und dem Destruktiven, zwischen Licht und Dunkel, Heiligem und Schrecklichem erzeugt die Kraft, die notwendig ist, um unser Wachstum und unsere Entwicklung voranzutreiben. Wir kämpfen alle mit diesen inneren Widersprüchen – jeder auf seine Weise.

Spirituelles und persönliches Wachstum sind individuelle Errungenschaften. Was für ein Gott würde uns alle so verschieden machen und dann nur eine Art zulassen, in der wir ihm dienen dürfen, schreibt Martin Buber dazu.

*»Wenn wir unsere Eigenarten anerkennen, ermöglicht uns der Prozeß der persönlichen Veränderung, alles zu werden, was wir werden könnten.«*[14] Das Beste aus unseren Unterschieden zu machen klingt einfach, ist es aber nicht. Die meisten von uns fühlen sich unwohl, wenn sie weit von der Norm abweichen, und sei es nur in der äußeren Erscheinung.

Jahrhundertelang war es gesellschaftlich unakzeptabel, zu groß oder zu klein zu sein, zu mager oder zu dick, oder andere durch das Ausmaß unserer Individualität oder der sexuellen Ausrichtung zu verunsichern. Wer die »konventionellen Grenzen zwischen Mann und Frau, geschlechtlich und geschlechtslos, Tier und Mensch, groß und klein, zwischen dem Ich und den anderen[15]« in Frage stellte, wurde als Außenseiter verstoßen, oder wie in früheren Zeiten auf dem Jahrmarkt als Riese oder Zwerg, als dicke Frau, als lebendes Skelett, als siamesische Zwillinge oder als Hermaphrodit zur Schau gestellt.

Seit den sechziger Jahren erleben wir, daß die Jugend jeder Generation gegen die konventionellen Normen der Eltern protestiert. Die Jugendlichen tun es in der Absicht, traditionelle Autoritäten zu stürzen und die individuelle Freiheit zu behaupten; sie geben sich offen androgyn und tragen herausfordernd und trotzig andere Abweichungen zur Schau. Auffälliges Verhalten in einer bestimmten Phase ist das notwendige Übergangsstadium im Reifeprozeß junger Menschen und zielt darauf, eine eigene Identität zu entwickeln. Allerdings ist jugendliche Rebellion ein irreführendes Modell für die schließliche individuelle Entwicklung eines erwachsenen, wahren Ich.

Ironischerweise werden Jugendliche im Versuch, sich von ihren Eltern zu unterscheiden, zu ihren Abbildern. Was als Suche nach der Freiheit beginnt, das zu sein und zu tun, was man will, endet als beinahe kultische Fügsamkeit mit wechselnden Moden. Die Versuche mit der Individualität werden noch weiter untergraben, wenn Modedesigner und andere Trendsetter jugendliche Devianz legitimieren, indem sie das Abweichende zur modischen Norm für die ältere Generation erheben, die ursprünglich dadurch herausgefordert werden sollte.

In unserer Faszination von jugendlichen Abweichungen spiegelt sich wie in der Beliebtheit der Monsterschau früherer Zeiten das Bedürfnis, sich zu vergewissern, daß wir nicht zu groß oder zu klein oder in irgendeiner Weise eigenartig sind, sondern daß *wir genau richtig* sind. Die zur Schau gestellten seltsamen menschlichen Wesen bestätigen uns, daß *sie die Monster sind, und nicht wir.*

Es liegt auf der Hand, daß wir in erster Linie vermeiden, den physischen Mißgeburten zugeordnet zu werden. Wir betrachten jedoch auch *moralische* und *soziale* Abweichungen als Stigmata einer kaputten Persönlichkeit. Die konventionelle Klugheit, die wir Gewissen nennen, unterstützt uns darin zu leugnen, daß wir alle böse Triebe besitzen.

Die im Prolog erzählte Legende vom Zerbrechen der Formen lehrt uns, daß der göttliche Funke allem innewohnt, selbst unseren Missetaten. Das heißt, wir können nicht behaupten, in Verbindung mit unserer inneren Kraft zu stehen, solange wir unsere verborgenen Schwächen nicht erkennen und sie uns eingestehen. Buber erklärt: »Gott liebt die sündigen Menschen, die wissen, daß sie sündig sind, mehr als die Rechtschaffenen, die wissen, daß sie rechtschaffen sind.«[16]

Wenn wir vorgeben, selbst keine erschreckenden Aspekte zu haben, riskieren wir zwei verhängnisvolle Folgen: (1.) projizieren wir oft auf andere, was wir bei uns selbst leugnen und (2.) agieren wir unbewußt die unannehmbaren Gedanken und Gefühle aus, die wir bewußt verbergen wollen.

Ich will ein Beispiel für den ersten Punkt geben.

Wenn mich die Selbstgerechtigkeit ärgert, die ich bei anderen beobachte, reagiere ich auf die Frömmelei und die Arroganz, die ich bei mir selbst so oft leugne. Ironischerweise kommt bei mir unbewußt die aufgeblasene Frömmigkeit zum Vorschein, die ich als Teil meines unvollkommenen Wesens leugnen will, wenn ich mir das Recht anmaße, ein Urteil über den Charakter solcher Menschen zu fällen.

Die zweite negative Folge des Leugnens der dunklen Seiten in uns ist, daß wir damit rechnen müssen, daß unsere Eigenarten unerwartet aufgedeckt werden, solange wir sie nicht aus dem Dunkel ans Licht bringen. Das Verbergen unserer Schwächen verlangt, daß wir kostbare Energie einsetzen, um uns gegen alles zu schützen, was wir enthüllen könnten. Trotzdem werden wir manchmal ungeschützt überrascht, ganz gleich, wie wachsam wir sind. Damit wir keine Energie mit dem Versuch verschwenden, das Unvermeidliche zu verhindern, müssen wir uns zu allen unseren Unvollkommenheiten bekennen, auch wenn wir lieber vorgeben, sie seien nur bei anderen zu finden.

Böse Triebe sind nicht die einzigen Aspekte unseres Wesens, die wir versucht sind, ins Dunkel abzuschieben. Unsere *dunkle Seite* schließt nach Carl Jung jeden Aspekt ein, den wir als »lediglich etwas minderwertig, primitiv, unangepaßt und peinlich, aber nicht absolut schlecht« betrachten. »Sie umfaßt unentwikkelte, kindliche oder primitive Eigenschaften, die das menschliche Wesen in gewisser Hinsicht lebendiger und schöner machen würden.«[17]

Den Kern jeder Persönlichkeit bildet ein Chaos von Widersprüchen (Gut und Böse, Schwäche und Stärke, Brutalität und Mitgefühl) – alles, was heilig und alles, was profan ist. Für unser Bild in der Öffentlichkeit wählen wir einige Aspekte dieses Kerns aus. Dadurch, daß wir vor uns und vor anderen verbergen, was wir sonst noch sind, schaffen wir unsere dunkle Seite. Und durch das Verbergen verstärken wir unser Gefühl, allein und verloren zu sein.

Bei manchen von uns finden sich auf der dunklen Seite erfreuliche Teile des Ich, die man nicht unbesorgt zeigen kann. Dabei handelt es sich um unsere »hellen Schatten«. Zum Beispiel war die früheste Vorstellung, die ich von mir hatte, die des bösen Jungen. Jedesmal, wenn ich versuchte, mich so zu verhalten, daß meine Eltern sich darüber freuten, sagte meine Mutter: »Sieh nur, wie der böse Junge den Braven spielen will.«

Allmählich begann ich zu glauben, daß ich nur gut darin war, böse zu sein. Alle Versuche, ein anständiger Mensch zu sein, schienen vergebliche Liebesmühe. In meiner Verzweiflung begann ich schließlich, dem Drang zum Bösen aktiv nachzugeben, denn ich hoffte, zumindest den Status eines außergewöhnlichen Übeltäters zu erlangen.

Mit der Zeit fiel es mir leichter zu lügen, als die Wahrheit zu sagen; ich war schneller bereit, Mißachtung und Respekt zu zeigen und mich für eine Beleidigung zu rächen, anstatt sie zu vergeben. Ich versuchte es mit Betrügen und Stehlen und lernte, ein *Hors d'œuvre* verbotener Früchte zu genießen, wie Drogen, sexuelle Abweichungen, Herumtreiberei auf den Straßen und die beinahe automatische Auflehnung gegen jede Autorität.

Ich war überzeugt, von Natur aus wild und verrückt zu sein, und verachtete alles, was ich für die Selbstgerechtigkeit gesunder, gesitteter und konventioneller Leute hielt. Ich mied die gradlinige, zivilisierte Welt und war fasziniert von der anrüchigen Seite des Lebens; ich suchte andere, Unangepaßte wie mich, die das Perverse anzog. Ich konnte den dunklen Schatten des Bösen und des Wahnsinns immer leichter akzeptieren als den *hellen Schatten* wohlerzogener Konformität und rücksichtsvoller Anerkennung der von anderen aufgestellten Maßstäbe guten Benehmens. Ich fürchtete, die weichere Seite meines Wesens würde mich anfällig machen für einen verborgenen sklavischen Eifer, jeden zufriedenzustellen, der den Fehler beging, mich akzeptabel zu finden.

Ich erinnere mich deutlich, aber selten ohne das Gefühl, weinen zu müssen, an ein ruhiges Gespräch in einer frühen, romantischen Beziehung. Als mir bewußt wurde, daß die junge Frau und ich dabei waren, eine festere Bindung aufzubauen, fühlte ich mich verpflichtet, sie darüber aufzuklären, daß ich ein emotional instabiler, böswilliger Mensch sei, und jeden schlecht behandelte, mit dem ich zu tun hatte. Ich war gerührt und verblüfft, als sie erwiderte: »Wir haben viel Zeit miteinander verbracht, und du hast mir noch nie wehgetan.«

Damals begann mein Versuch herauszufinden, was alles in meinem hellen Schatten verborgen lag. Bisher hat er sich als das am wenigsten erfolgreiche Bemühen um persönliches Wachstum erwiesen. Aber ich gebe nicht auf. Ich fühle mich immer noch unbehaglich, wenn jemand, den ich schätze, in mir einen guten Menschen sieht. Ich habe in meinem Leben noch nie eine völlig reine Regung gehabt. Ein einziges Leben ist zu kurz, um gewisse Veränderungen abzuschließen.

Moden wechseln, soziale Maßstäbe ändern sich, und deshalb kann ich nicht darauf bauen, immer ein Außenseiter zu sein. Es ist mir auch heute noch peinlich, wenn einer meiner exzentrischen Aspekte mit einem neuen Trend übereinstimmt. Als zum Beispiel in den siebziger Jahren der obligatorische Grundsatz der Encounter-Gruppen, sozial unakzeptable Gefühle mitzuteilen, Mode wurde, war meine eingefleischte Unverblümtheit zumindest zeitweise eine weit verbreitete Verhaltensweise.

Manche Krisen in unserem Leben mögen sehr schwer sein, etwa eine lebensbedrohende Krankheit, wie ich sie im ersten Kapitel beschrieben habe. Andere bestehen schlicht aus einer Häufung unbedeutender Ereignisse, wobei eine Kleinigkeit überraschend kommt und uns das Gefühl des Unvorbereitetseins gibt.

Zum Beispiel fühle ich mich im Zusammensein mit Menschen, die ich zufällig treffe, sehr unwohl, und selbst ein paar belanglose Vorfälle können dazu führen, daß ich mich wie ein Verrückter benehme. Am Ende projiziere ich mein extremes Unbehagen auf Menschen, die ich kaum kenne. Ich nehme als Beispiel ein Ereignis aus der letzten Zeit, als ich mehrere Besorgungen erledigen mußte und dabei mit flüchtigen Bekannten und völlig Fremden zu tun hatte. Um die unerfreulichen Begegnungen hinter mich zu bringen, machte ich den Fehler zu versuchen, alle Besorgungen an einem Vormittag zu erledigen. Warum kann ich nicht lernen, daß eine solche Strategie bei mir nie funktioniert?

Es begann damit, daß ich mein neues Hörgerät abholte. Der Techniker war nett und zuvorkommend, aber als ich gerade gehen wollte, begann er zu reden. Er entschuldigte sich für die verzögerte Erledigung meiner Bestellung und erklärte, er sei auf dem Rückweg aus dem Urlaub im Flugzeug krank geworden.

Meine Verlegenheit wuchs, aber da ich nachvollziehen kann, was eine plötzliche Erkrankung bedeutet, reagierte ich mitfühlend und erklärte, die Krise müsse ihn sehr geängstigt haben. Meine Bemerkungen ermutigten ihn weiterzureden. Aber inzwischen hatte meine Unruhe die Oberhand gewonnen. Als er wichtigtuerisch behauptete, allein hätte ihm das nichts ausgemacht, aber er sei mit seiner Frau gereist, und ihre Sorge habe nur dazu geführt, daß er sich kränker fühlte, beendete ich die Unterhaltung, indem ich eilig das Geschäft verließ.

Danach fuhr ich zu einem Einkaufszentrum – eine Art öffentlicher Raum, den ich üblicherweise meide. Ich wagte mich nur dorthin, weil ich dringend eine neue Kaffeemaschine brauchte.

Der erste Laden, den ich betrat, führte die Marke nicht mehr, die ich haben wollte. Der ahnungslose Verkäufer fiel mir mit belanglosen Informationen auf die ohnehin gereizten Nerven. Mein Unbehagen übermannte mich wieder, und überstürzt verließ ich auch dieses Geschäft.

Es fällt mir physisch nicht leicht, mich zwischen der Menschenmenge in einem Einkaufszentrum zu bewegen. Als ich eine akzeptable Kaffeemaschine in einem anderen Geschäft erstanden hatte, war ich deshalb so durcheinander, daß ich mich nicht mehr erinnern konnte, wo mein Wagen parkte. Als ich ihn schließlich gefunden hatte, stellte ich fest, daß das Päckchen mit dem Hörgerät fehlte. Ich war zu aufgeregt, um zurückzugehen und es zu suchen und fuhr so schnell wie möglich in meine Praxis zurück.

Das Hörgerät erhielt ich schließlich durch das Fundbüro des Einkaufszentrums. Trotzdem war das Erlebnis schmerzlich, denn ich trug selbst die Schuld an dem ganzen Fiasko. Beim Versuch, zuviel auf einmal zu tun – obwohl ich wußte, daß es sich um

Aufgaben handelte, die ich nicht mag und nicht problemlos erledigen kann –, hatte ich ein Durcheinander angerichtet und mich dabei unglücklich gemacht.

Rückblickend amüsiert es mich, wie verrückt ich immer noch sein kann. Ich habe bestimmte meiner persönlichen Probleme gelöst. Manche tauchen weniger häufig auf, und wenn es geschieht, dauert die Bloßstellung nicht mehr so lange und schmerzt nicht mehr so sehr wie früher. Einige Probleme werde ich niemals lösen, und bei anderen mache ich mir nicht die Mühe, es zu versuchen.

Jeder von uns erlebt, daß seine Bemühungen, sein wahres Ich zu leben, ins Stocken geraten oder schiefgehen. Die oben berichtete Episode zeigt eine der gegenwärtigen Grenzen meines persönlichen und geistigen Wachstums auf. Manchmal fordert der noch vorhandene Rest meines Eigensinns Pannen heraus, die mir das Gefühl geben, verlorener und einsamer zu sein als vor dem Beginn der Suche nach meinem wahren Ich. Das, was ich für mein wirlich wahres Ich halte, ist ungeeignet, um mit bestimmten Situationen fertig zu werden. Wenn ich – falls überhaupt jemals – in der Lage bin, eine solche Situation zu bewältigen, werde ich es tun. Bis dahin muß ich die Absurditäten erdulden, die ich über mich bringe.

Wir können persönliche Veränderungen nicht durch einen Willensakt kontrollieren oder viel erreichen, wenn wir nicht alles tun, was notwendig ist, um etwas bis zum Ende durchzuführen. Um unsere Erfolgschancen optimistisch zu beurteilen, müssen wir jedoch nicht nur begreifen, welche Befriedigungen unsere Eigenarten uns bringen, sondern wir müssen auch den Preis akzeptieren, den wir bezahlen, um ihnen nachzugeben. Ich kann das inzwischen öfter als früher, aber ich habe noch einen weiten Weg zurückzulegen.

Es genügt nicht, sich zwanghaft mit sich selbst zu beschäftigen. Buber stellt fest: »Du kannst den Kehricht hierhin fegen, dorthin fegen – er bleibt immer Kehricht. Habe ich gesündigt oder nicht gesündigt? In der Zeit, in der ich darüber nachgrüble, könnte ich zur Freude des Himmels Perlen auf Schnüre aufreihen.«[18]

4

## *Wenn wir uns verirrt haben, müssen wir den Weg nach Hause selbst finden*

Es gibt eine Geschichte über eine junge Frau, die zu dem klügsten Mann des Dorfes ging und ihm unter Tränen klagte, sie habe nach einem Dutzend Ehejahre immer noch kein Kind.[19] Er fragte, was sie vorhabe, um das zu ändern, und die junge Frau wußte nicht, was sie ihm antworten sollte.

Der kluge Mann sagte zu ihr: »Meine Mutter ist alt geworden, ohne ein Kind zu haben. [...] Sie suchte eines Tages einen frommen Mann auf, der im Dorfgasthof abgestiegen war, und bat ihn, für sie zu beten. Der fromme Mann fragte sie, was sie tun werde, um ein Kind zu bekommen. Meine Mutter erwiderte, sie und ihr Mann seien zwar arm, aber sie habe etwas Wertvolles, und das werde sie ihm bringen.

Meine Mutter eilte nach Hause und holte den sorgsam verwahrten guten Umhang aus der Truhe. Als sie aber damit zum Gasthof zurückkam, erfuhr sie, daß der fromme Mann bereits abgereist war. Sie machte sich sofort auf die Suche nach ihm und ging, da sie kein Geld zum Fahren hatte, mit ihrem Umhang von Stadt zu Stadt.

Als meine Mutter den frommen Mann schließlich eingeholt hatte, nahm er den Umhang, hängte ihn an die Wand und sagte ihr, alles werde gut werden. Meine Mutter ging wieder von Stadt zu Stadt bis nach Hause. Im Jahr darauf wurde ich geboren.«

Die junge Frau erklärte daraufhin, sie werde wie die Mutter des klugen Mannes einen Umhang bringen, damit auch sie ein Kind bekomme. Der weise Mann erwiderte: »So geht es nicht. Ich habe dir die Geschichte erzählt. Meiner Mutter hatte niemand eine Geschichte erzählt, nach der sie sich richten konnte.«

Wenn wir während einer Krise in eine Sackgasse geraten sind, können die Erfahrungen anderer als Modelle dafür dienen, wie man umkehren und weiter vorankommen kann. Aber die einzige Möglichkeit, durch Hindernisse, die sich uns in den Weg stellen, zu lernen und zu wachsen, besteht darin, eigene Antworten zu finden und sich auf seine Weise durch die Schwierigkeiten hindurchzuarbeiten.

Das Ringen der jungen Frau erinnert mich an eine Krise, die ich nur dadurch lösen konnte, daß ich meine eigene Geschichte schuf. Es war eine Krise in meinem Beruf, die mit einem totalen *burnout* geendet hätte, wenn ich nicht entdeckt hätte, wie ich mein berufliches Leben in eine persönliche Erfahrung verwandeln konnte.

Manche von uns zielen in ihrem Berufsleben auf eine Karriere, die anfänglich lohnenswert und befriedigend erscheint. Nach einer Weile entdecken sie jedoch meist, daß sie der eingeschlagene Weg nicht dorthin führt, wohin sie zu gelangen hofften. Sie erleben den Zusammenbruch idealisierter Erwartungen als die Verzweiflung des *burnout*.

An diesem Punkt finden sich viele Menschen mit einem enttäuschenden Berufsleben ab und kommen zu dem zynischen Schluß: »Zumindest habe ich mein Einkommen.« Einige wenige geben nicht auf und wenden sich einer anderen Arbeit zu. Allerdings stellen sie oft fest, daß sie nur denselben unbefriedigenden Kreislauf wiederholen, und fragen sich deshalb verbittert, weshalb sie das Leben nicht gerecht behandelt. Manche Menschen leugnen den Konflikt zwischen ihren früheren Idealen und der Realität ihrer Arbeit; sie beharren darauf, daß das, was sie tun, ein edles und hingebungsvolles Unterfangen ist.

Berufliche Krisen können schmerzlich sein, aber sie sind auch Möglichkeiten, unser Leben zum Besseren zu verändern. Jemand, der entlassen wird, entdeckt durch den Zwang, sich eine neue Stellung zu suchen, eine Arbeit, die ihn sehr viel mehr erfüllt als die frühere. Wer vor Unzufriedenheit verzweifelt, gibt vielleicht seine Stellung, seine Karriere auf, fängt noch einmal von vorn an und findet eine Arbeit, die ihm etwas bedeutet. Andere erleben in ihrem Beruf Krisen, die ihre Arbeit in eine sehr viel erfüllendere Erfahrung verwandelt, als sie sich das je vorgestellt hatten.

Es dauerte beinahe zehn Jahre, bis ich in meinem Beruf am entscheidenden Kreuzweg stand. Heute tut mir die Zeit leid, die ich verschwendete, weil ich Sicherheit wollte, und Wege ging, die meine Lehrer vorgezeichnet hatten, anstatt zu riskieren, meine eigene Richtung zu suchen. Und dabei weigerte ich mich die ganze Zeit, mir einzugestehen, daß meine Bemühungen zunehmend weniger von Leidenschaft erfüllt waren.

Rückblickend erkenne ich, daß ich mich von Anfang an auf den Absturz zubewegte, denn ich vertraute dem, was andere mir sagten, mehr als meinen eigenen Gefühlen. Als ich ans College ging, empfand ich mich schon seit langem als Außenseiter. Ich hatte beschlossen, Psychotherapeut zu werden, weil ich hoffte, meine eigene Qual würde es mir ermöglichen, Menschen mit ähnlichen Problemen zu verstehen und ihnen zu helfen.

Meine Psychologie-Professoren am College bestärkten mich darin, in bekümmerten Menschen Material für Experimente zu sehen, mit denen man die gestörten Verhaltensmuster ändern wollte. In den höheren Semestern lehrte man eine mehr psychoanalytische Ausrichtung. Der erste Fehler führte zu meinem Versuch, eine wissenschaftlich objektive Einstellung gegenüber meinen Patienten zu entwickeln. Der zweite Fehler bestärkte mich in meiner unpersönlichen Haltung; ich bot mich den Patienten als einen leeren Bildschirm an, auf den sie ihre Übertragungen projizieren konnten. Keine dieser beiden Rollen schien mir oder den Patienten angemessen zu sein. In der letzten Phase meiner Ausbildung arbeitete ich im zivilen und militärischen Strafvollzug sowie in psychiatrischen Anstalten. Dort hatte ich es mit Patienten zu tun, die nicht aus eigenem Antrieb zu mir kamen und denen kaum etwas anderes übrigblieb, als das Wenige zu akzeptieren, was ich zu bieten hatte.

Schließlich hatte ich meinen Doktortitel und begann, in einem kommunalen Gesundheitszentrum zu arbeiten, das von den Angestellten »Ghetto-Hilfswerk« genannt wurde. Heutzutage wäre es eine Beratungsstelle in der Innenstadt. Die meisten der armen schwarzen Patienten kamen zu ihren Terminen zu spät. Es dauerte einige Zeit, bis mir klarwurde, daß sie nicht pünktlich erschienen, weil sie beim öffentlichen Gesundheitsdienst üblicherweise stundenlang auf die Behandlung warten mußten.

Ich begann, eine junge, unglückliche alleinstehende Mutter zu behandeln, die kaum lesen und schreiben konnte. Sie kam aus einer gescheiterten Ehe und lebte wie ihre Mutter von der Sozialhilfe. Ihr Baby war von einer Ratte gebissen worden und hatte eine Infektion bekommen, die offenbar kein Arzt heilen konnte.

Sie klagte in der Sprechstunde über Reizbarkeit und Depressionen. Ich tastete mehrere Sitzungen hilflos herum und formulierte innerlich Interpretationen ihres Problems, ohne eine echte persönliche Verbindung zu ihr aufzunehmen. In meiner Dummheit stellte ich die Hypothese auf, ihre Niedergeschlagenheit sei nur eine Reaktion darauf, daß sie als Kind im Stich gelassen worden war und keinen Ausweg aus der Armut sah. Ich war sicher, daß ihre Symptome verschwinden würden, wenn ich ihr helfen könnte, die richtige Einstellung zu entwickeln, um sich Kenntnisse anzueignen, die auf dem Arbeitsmarkt gefragt waren. Ich beging den Fehler, ihr das alles zu erklären und versicherte ihr gönnerhaft: »Ich verstehe, wie Ihnen zumute ist.«

Sie wurde wütend und schrie mich an. »Sie verstehen einen Dreck! Was versteht ein weißer Bekloppptendoktor davon, was es heißt, verletzt zu werden – schlimm, tief und ständig? Ich bin traurig, weil mein Kind stirbt, und Sie sagen mir, ich habe Depressionen, weil ich eine dumme Schwarze bin, die keine Arbeit findet. Traurigsein hat nichts damit zu tun, woher man kommt oder wohin man geht. Traurig *ist* man!«

In meiner Überraschung interpretierte ich ihre »negative Überreaktion« als verdrängten Zorn auf den Vater, der sie verlassen hatte. Die Stunde war zu Ende, und noch bevor sie etwas erwidern konnte, erklärte ich: »Wir können darüber sprechen, wenn wir uns das nächste Mal sehen. Jetzt ist unsere Zeit abgelaufen.«

Bevor sie auf dem Weg nach draußen die Tür hinter sich zuschlug, drehte sie sich noch einmal um und sagte höhnisch: »*Unsere Zeit*, was für ein Scheiß! Es ist *meine* Zeit. Sie tun so, als wäre es *Ihre* Zeit. Und dann sagen sie *unsere* Zeit.« Ich wußte, ich hatte versagt, aber ich begriff nicht genau, was ich falsch gemacht hatte.

Nach dem unerwarteten Zusammenstoß mit der jungen Mutter gelang es mir nicht mehr, die Gefühle von Schuld und Hilflosigkeit wegzuerklären, die ich schon lange zu leugnen versuchte. In der folgenden Nacht hatte ich einen eigenartig abstrakten Traum, in dem ich durch ein Kaleidoskop viele schwarze Punkte und einen großen weißen Punkt beobachtete. Ich sah, daß sie sich bewegten, als wollten sie sich zu einem bestimmten Muster zusammenfügen, aber am Ende wirkte ihre Anordnung immer wieder eher zufällig.

Am nächsten Morgen dachte ich über die Bedeutung meines Traums nach. Ich hoffte, wenn ich ihn genau interpretieren könnte, würde ich verstehen, was in der Therapie falsch gelaufen war. Zuerst glaubte ich, die Antwort läge in der *Farbe* der Punkte – das Problem sei mein mangelndes Verstehen der schwarzen Patienten.

Als das irgendwie nicht richtig zu sein schien, konzentrierte ich mich auf die Unterschiede in der *Größe* der Punkte. Ich versuchte mir einzureden, ich hätte Schwierigkeiten, mich mit meinen armen, hilflosen schwarzen Patienten zu identifizieren, weil ich gebildet war, Geld und eine Stellung hatte und sie nicht. Da diese Interpretation mir so wenig weiterhalf wie die erste, gab ich den Versuch auf, den Traum zu analysieren.

Nachmittags sprach ich mit meinem Vorgesetzten über die mißlungene Therapiesitzung des Vortages. Zu meiner eigenen Überraschung fügte ich zwei bislang unberücksichtigte Einzelheiten hinzu. Meine Patientin schien sich nie an meinen Namen erinnern zu können, und nun hatte ich ihren Namen vergessen.

Plötzlich verstand ich die zentrale Bedeutung des Traums. Sie hatte nichts mit der Farbe oder der Größe der Punkte zu tun, sondern mit ihrer *Abstraktheit.* Ich begriff, das Problem meiner therapeutischen Arbeit lag darin, daß ich mich meinen Patienten gegenüber bereits jahrelang unpersönlich verhielt – als seien wir nichts als Punkte, die zu einem neuen Muster richtig angeordnet werden müßten.

Ich war keineswegs sicher, daß meine Patientin zum nächsten Termin erscheinen würde. Sie kam, und zwar hauptsächlich deshalb, weil sie ihrem Zorn noch weiter Luft machen mußte. Aber sie wollte auch herausfinden, was zum Teufel mit mir nicht in Ordnung war. Untypischerweise sagte ich ihr, ich fände, sie habe recht, zornig zu sein, und ich entschuldigte mich dafür, daß ich sie so unpersönlich behandelt hatte. Zum ersten Mal konnte ich ihre Hilflosigkeit angesichts der Schmerzen, die ihr geliebtes Baby litt und der Gefahr, in der es schwebte, wirklich nachvollziehen.

Zu meiner eigenen Überraschung erzählte ich ihr

von der Geburt meines ältesten Sohnes. Er war mit einer lebensgefährlichen Mißbildung zur Welt gekommen, die einen sofortigen chirurgischen Eingriff erforderlich machte. Ich berichtete, wie unvorbereitet ich mich auf ein solches Unglück gefühlt hatte, und beschrieb die Wochen, in denen ich hilflos neben dem Brutapparat saß und ihn nicht einmal auf dem Arm halten – und ihm noch viel weniger helfen – konnte. Erstaunt stellte ich fest, daß ich zu weinen begann.

Ich versuchte, mich damit zu beruhigen, daß ich meiner Patientin versicherte, das läge alles viele Jahre zurück. Mein Sohn sei inzwischen erwachsen, gesund und führe ein erfülltes Leben. Sie unterbrach mich und verhinderte, daß ich vor den Überresten meines Leids und der Hilflosigkeit floh, indem sie sagte: »Die Erinnerung daran, daß Sie einmal absolut nichts tun konnten, um Ihr Kind zu retten, muß schmerzhaft für Sie sein.« Dann begann sie ebenfalls zu weinen.

In der Vergangenheit hatte ich in wenigen seltenen Fällen einem Patienten gegenüber eine persönliche Schwäche eingestanden. Nun hatte ich zum ersten Mal als Reaktion auf die Verletzlichkeit eines Patienten etwas Persönliches über mich enthüllt. Ich weinte nicht vor ihr, und sie weinte nicht vor mir. Wir weinten *gemeinsam.*

Meine Tränen erschienen mir in der Situation richtig. Hinterher machte ich mir jedoch Sorgen, weil ich mich auf eine Weise benommen hatte, die, wie ich gelernt hatte, als unprofessionell galt. Ich berichtete meinem Vorgesetzten, was geschehen war, und von meiner Besorgnis, daß es nicht hilfreich für meine Patientin gewesen sei. Er sagte nur: »Die Frau wird nie vergessen, was geschehen ist – und Sie ebenfalls nicht. Versuchen Sie, sich selbst zu vertrauen.«

Ein weiser Mann hat einmal gesagt: »Der Lehrer hilft seinen Schülern, sich selbst zu finden. Aber in den Stunden der Verzweiflung sind es die Schüler, die dem Lehrer helfen, sich wiederzufinden.«[20] Nach dem Erlebnis mit dieser jungen Frau veränderte sich meine Einstellung zu meinen Patienten. Ich ging mit einer neuen Art Leidenschaft an meine Arbeit in der Beratungsstelle zurück.

Die therapeutische Arbeit nach meiner Wandlung hat sich von einer unpersönlichen Neuordnung abstrakter Muster zu einem lebendigen Dialog zwischen zwei verletzlichen Menschen entwickelt. Der Patient oder die Patientin erzählt mir seine/ihre Geschichte, und ich erzähle meine eigene. In dieser intimen Atmosphäre findet die Arbeit im persönlichen Kontext unserer Beziehung statt, die sich dabei entwickelt.

Wenn wir uns als zwei Menschen begegnen, die innerlich fest entschlossen sind, ihr wahres Ich miteinander zu teilen, wobei wir beide göttliche Funken freisetzen, entsteht die Intimität und Wärme, die für das persönliche Wachstum von uns beiden notwendig ist. Meine Enthüllungen lehren die Patienten nicht, wie sie leben sollen, und was sie mir sagen, bestimmt nicht mein Tun. Jeder von uns muß seinen eigenen Weg finden, aber die Offenheit und Fürsorge mitfühlender Gefährten machen es für uns erträglicher, daß wir auf uns selbst gestellt sind.

# 5
## *Mit dem Herzen zuhören*

Ein religiöser Führer saß inmitten einer Schar seiner Anhänger am Wegrand. Plötzlich überkam ihn das Bedürfnis, ihnen eine lustige Geschichte zu erzählen. Es war keine der frommen Geschichten, mit denen er seine Gemeinde üblicherweise unterhielt, und deshalb fürchtete er, der irdische Spaß, den er im Sinn hatte, werde auf Kritik stoßen. Er machte sich Sorgen, seine Anhänger könnten glauben, er sei ihrer Verehrung nicht mehr würdig, aber in seinem Herzen glaubte er, daß alle Freude vom Himmel komme – selbst ein Witz, wenn er mit echter Freude erzählt wird.

Er schob den Gedanken daran beiseite, wie ernst er normalerweise seine Rolle als religiöser Führer nahm, und erzählte die Geschichte. Die Leute um ihn herum brachen in Lachen aus. Danach verehrten ihn auch die Mitglieder seiner Gemeinde, die seine geistige Führerschaft angezweifelt hatten.[21]

Oft erweisen sich Dinge, die wir tun, als ganz besonders lohnend, und zwar nicht, weil wir eine großartige Idee haben, sondern weil wir entsprechend unserer Eingebung handeln. Diese kostbaren Schätze und Zeiten sind selten, aber am wahrscheinlichsten stellen sie sich ein, wenn wir auf unser Herz hören. So ist es mit Sicherheit bei mir immer gewesen.

Bald nachdem ich lesen gelernt hatte, träumte ich insgeheim davon, eines Tages Schriftsteller zu werden. Ich versuchte bereits als Kind, Kurzgeschichten zu schreiben, aber Eltern und Lehrer erklärten mir so oft, ich fange es falsch an, daß ich es bald aufgab. In meiner Jugend verfaßte ich surrealistische Fragmente, von denen ich mir vorstellte, sie könnten eines Tages zu lesenswerten Werken ausgearbeitet werden. Aber ich war zu schüchtern, um sie jemandem zu zeigen, und fürchtete einen Mißerfolg zu sehr, um sie zu beenden.

Ich las gerne Bücher, denn sie füllten meine Phantasie mit Welten, die mich mehr zufriedenstellten als die Alltagswelt. Bücher waren mir immer wichtig, obwohl ich schon früh gelernt hatte, unterhaltsame Geschichten zu erfinden, weil ich glaubte, sonst hätte niemand Interesse an mir.

Erst nachdem ich über dreißig war, ging ich daran, ernsthaft zu schreiben. Nach meiner Dissertation wollte ich über all das schreiben, was ich als junger Therapeut erlebt hatte. Einige meiner Arbeiten, von denen ich glaubte, manche Leute würden ihre Lektüre als nützlich empfinden, wurden in Fachzeitschriften veröffentlicht, aber es machte mir keinen Spaß, sie zu schreiben.

Ich las gerne Gedichte, hatte aber nicht das Talent, eigene zu schreiben. Deshalb begann ich einen Roman. Nach mehreren Jahren mühsamer Versuche hatte sich ein dicker Stapel Manuskriptblätter angesammelt. Die Quantität war beruhigend, die Qualität jedoch entmutigend.

Da ich nicht bereit war, mir einzugestehen, wie unzulänglich ich mich deshalb fühlte, beklagte ich mich bei meiner Frau darüber, wie wenig freie Zeit mir für den wunderbaren Roman bleibe, den ich statt dessen hätte schreiben können. Ich behauptete schamlos, die Last, die Familie finanziell über Wasser zu halten, hindere mich daran, ein glücklicher, kreativer Künstler und kommerziell erfolgreicher Romanautor zu werden. Meine Frau erwiderte: »Wenn du freie Zeit brauchst, dann gib deine Arbeit auf. Wir werden schon zurechtkommen.«

Ihre Reaktion rührte mich zutiefst, aber ich hatte zu große Angst, mich auf die Probe zu stellen. Ein Teil meines Wesens begriff, daß ich nicht soweit war, einen wirklich guten Roman zu schreiben, und nicht bereit, die jahrelange Arbeit auf mich zu nehmen, die es vielleicht erfordern würde, das zu lernen.

Als ich mich diesen Gefühlen stellte, gab ich die Hoffnung auf, jemals als Autor Erfolg zu haben. Ich sprach mit meiner Frau darüber, wie entmutigt ich mich fühlte, und versuchte herauszufinden, welche Form – wenn überhaupt – meine kreativen Versuche haben sollten. Es gab alle möglichen Bücher, die ihre

Autoren persönlich zufriedenzustellen und gut verkäuflich zu sein schienen. Ich zweifelte inzwischen daran, daß ich überhaupt das Talent besaß, etwas zu schreiben, das irgend einer konventionellen Form entsprach.

Meine Frau riet mir, für den Augenblick die Form zu vergessen, in der meine Arbeit möglicherweise veröffentlicht werden sollte. Es sei besser, mich darauf zu konzentrieren zu schreiben, was ich in meinem Innersten empfand. Bis dahin hatte ich nicht dran gedacht zu schreiben, ohne mir Sorgen darüber zu machen, wer und warum jemand lesen solle, was ich geschrieben hatte. Es war eine verblüffende Vorstellung, daß ich mich einfach zu meinem eigenen Vergnügen daranmachen könne zu schreiben, was immer ich wollte. *Veränderungen erfordern, daß wir uns von der vertrauten Art und Weise etwas zu tun lösen, ohne bereits zu wissen, was wir als nächstes tun werden.*

Eine Zeitlang schrieb ich kurze, persönliche Essays, bei denen ich mich auf spirituelle Literatur stützte, die mir schon lange gefiel. Ich verfaßte Darstellungen von Helfern, Heilern und Führern aus alter Zeit und von fernen Orten, die als Metaphern für zeitgenössische Psychotherapeuten dienten. Einige dieser Arbeiten wurden in einer unkonventionellen humanistischen Fachzeitschrift veröffentlicht.[22]

Während des Schreibens wurde mir allmählich klar, daß ich Metaphern sammelte, die zeigten, wie ein Mensch anderen Menschen bei den persönlichen

Problemen helfen kann. Einige Reaktionen auf meine kurzen persönlichen Arbeiten ermutigten mich schließlich soweit, daß ich wieder daran dachte, ein längeres Werk zu schreiben. Ich war jedoch immer noch zu schüchtern, um mich an ein eigenes Buch zu wagen, und deshalb plante ich eine Anthologie mit Arbeiten anderer, die sich mit dem beschäftigten, was mich interessierte: Metaphern für Menschen, die sich gegenseitig helfen.

Eine befreundete Therapeutin, die ein Buch veröffentlicht hatte, erzählte ihrem Verleger von meiner Idee. Er rief mich einige Wochen später an und bat mich um ein Konzept. Ich freute mich so sehr darüber, daß ich meine Angst vor einem Fehlschlag beiseite schob und einen Entwurf für die Anthologie ausarbeitete. In dem Päckchen, das ich an den Verlag schickte, befanden sich auch ein paar meiner Arbeiten, die vor kurzem in Zeitschriften erschienen waren.

Nach ein paar Wochen rief der Verleger an und sagte, er sei an der Anthologie interessiert. Aber er fände es enttäuschend, daß ich nicht daran denke, ein eigenes Buch zu schreiben. Sobald ich den Hörer aufgelegt hatte, wurde mir klar, daß ich ebenfalls enttäuscht war. Eine Viertelstunde später rief ich den Mann an und sagte, ich werde selbst ein Buch schreiben. Ich würde die Aufsätze, die ihm gefielen, darin aufnehmen und ihm ein neues Exposé schicken.

Gegen Ende meiner Arbeit an dem Buch mußte ich

mich zum ersten Mal einem neurochirurgischen Eingriff unterziehen. Diese schwere Prüfung, die mich völlig lahmlegte, verlangte, daß ich die Fertigstellung des Manuskripts verschob und meine Arbeit als Psychotherapeut vorübergehend aufgab. Sie beeinträchtigte auch einen großen Teil meines Privatlebens. Während ich mich zu Hause von der Operation erholte, schrieb ich einen persönlichen Bericht über alles, was ich durchgemacht hatte. Er war hauptsächlich als therapeutische Maßnahme gedacht, um wieder Ordnung in mein Leben zu bringen und als Information für Freunde und Familie. Ich schickte auch ein Exemplar an meinen Verleger, um zu erklären, weshalb ich den vertraglich festgelegten Termin für die Ablieferung meines Manuskripts nicht einhalten konnte. Er antwortete sofort und schlug vor, den Bericht als Epilog in das Buch aufzunehmen. Ich stimmte zu.

Dadurch entdeckte ich einen persönlichen Stil des Schreibens, in dem bisher mehr als ein Dutzend Bücher entstanden sind. Es ist eine seltsame Mischung aus Autobiographischem, klinischen Erfahrungen und den Legenden, Mythen, Volkserzählungen und der kreativen Literatur, die mich so lange als Leser fasziniert hatten.

Ich kenne keinen besonderen Begriff für diese Art des Schreibens; es genügte, daß ich mich dadurch lebendiger fühlte. Es gab zwar Zeiten, in denen es meine Frustration verstärkte, aber zum größten Teil machte es Spaß. In manchen Augenblicken macht mich das Schreiben verrückt, aber meine Unruhe zwischen zwei Büchern führt mir deutlich vor Augen, es ist dieses »Handwerk oder trotzige Kunst«[23], wie Dylan Thomas es nannte, die mich gesund erhält.

Meine Frau half mir beim Redigieren der ersten Texte, hörte dann aber auf, um Zeit für eigene Arbeiten zu haben. Zunächst verletzte mich das, dann wurde ich wütend auf sie, obwohl sie aufgeschlossen für meine Ansichten zu meiner Arbeit blieb. Schließlich wurde mir bewußt, wie befreiend es war, zu schreiben, was mir gefiel, ohne zu überlegen, was meine Frau oder irgend jemand über das Geschriebene denken würde.

Nachdem sich mein erstes Buch gut verkaufte, fragte ich meine Frau, was sie von meiner weiteren Beschäftigung mit Schreiben halte. Sie antwortete nur: »Ich bin glücklich, daß es dir soviel Freude macht.« Sie schien die ganze Zeit über gewußt zu haben, was ich erst nach vielen Jahren entdeckte.

Allzu oft werden die Regeln, die zu befolgen wir uns bemühen, zum Käfig, ganz gleich, ob andere sie uns aufgezwungen oder ob wir sie selbst aufgestellt haben. Manchmal können wir dem nur dadurch entfliehen, daß wir unseren eigenen Gefühlen in dem Augenblick nachgeben, in dem sie uns bewußt werden.

Wenn wir sicher auf der Erde stehen, ragt unser Kopf in den Himmel. Lassen wir das geistige Licht die Dunkelheit unserer Seele erhellen, bis das Dunkel leuchtet, dann brauchen wir den Kopf nicht länger vom Herzen zu trennen. Unsere Fähigkeit dazu liegt in der völligen Hingabe an alles, was wir tun, indem wir mit unserem ganzen Wesen auf die einmalige Forderung einer bestimmten Situation reagieren.

Das erinnert mich an einen Mann, über den ich an anderer Stelle geschrieben habe.[24] Ich lernte Salik vor langer Zeit während der Augustferien mit meiner Familie auf Cape Cod kennen. Er war jahrelang ein sehr erfolgreicher praktizierender Psychoanalytiker und ein unbekannter Sonntagsmaler gewesen. Während eines Sommerurlaubs einige Jahre früher hatte er eine Krise durchgemacht, die sein Leben veränderte. Er gab die künstliche Rolle auf, die ihm seine mitteleuropäische jüdische Herkunft zuwies, und entschied sich für ein riskantes und aufregendes Leben voll täglicher Improvisationen.

Salik war für drei Wochen nach Haiti gefahren. Dort hatte er eine Frau kennengelernt, schön wie ein schwarzer Schmetterling. Sie war Schauspielerin und naive Malerin. Gegen Ende des Urlaubs wurde beiden klar, daß sie sich ineinander verliebt hatten. Ein paar Tage lang spielten sie mit der Idee, sich bald wieder zu treffen. Aber Salik wußte, wenn er abreiste, würde er nie mehr zurückkommen. Es wäre das Ende der Beziehung gewesen.

Sie beschlossen, auf der Stelle zu heiraten. Seine Frau kehrte mit Salik nach New York zurück, aber nur so lange, bis Salik seine Praxis aufgelöst hatte und das wenige Geld, das jeder besaß, flüssig gemacht war. Dann gingen sie daran, ihr Leben neu zu gestalten, indem sie sich der Malerei widmeten, die ihre Leidenschaft war.

Sie wußten, sie konnten nicht lange von dem wenigen Geld leben, das sie hatten, und dem bißchen mehr, das sie vielleicht verdienen würden. Nach ihren Plänen wollten sie jährlich viertausend Dollar für den Lebensunterhalt und weitere viertausend für unvorhergesehene Dinge ausgeben.

Als wir uns kennenlernten, waren die beiden schon mehrere Jahre verheiratet und hatten drei schöne, exotisch aussehende Kinder. Sie lebten sechs Monate im Jahr in Gull Pond auf Cape Cod und sechs Monate in Cuernavaca, in Mexiko. Als ich besorgt von den Schwierigkeiten sprach, die ihre Kinder vermutlich hatten, weil sie ständig zwischen einem englischsprachigen Land und einem spanischsprachigen hin- und herwechselten, lachten Salik und seine Frau. Es stellte sich heraus, daß zu Hause in der Familie alle französisch sprachen und sich im jeweiligen Land verständigten, so gut sie konnten.

Salik war ein zufriedener, erfolgreicher Maler geworden. In jenem Sommer kauften meine Frau und ich eines seiner großen Bilder – eine kraftvolle, lebhafte Mischung dunkel gesprenkelter Gelbtöne und erstaunlicher Fluten von Rot. Es hängt immer noch an einer Wand unseres Wohnzimmers.

Als wir uns besser kannten, erzählte mir Salik von der Verwirrung, mit der die anderen Analytiker in New York, die er kannte, auf seinen Rollenwechsel reagiert hatten. Nachdem er bereits einige Zeit nicht mehr in New York lebte, fand er Anerkennung als Künstler. Sein Agent arrangierte für ihn eine Einzelausstellung in einer New Yorker Galerie. Salik plante, nach New York zu fahren und beim Aufbau der Ausstellung behilflich zu sein.

Er meldete sich bei einigen seiner früheren Analytiker-Kollegen. Sie freuten sich, von ihm zu hören, gaben eine Dinnerparty für ihn und boten an, ihn bei der Wiedereröffnung seiner Praxis und bei der Rückverwandlung in den Menschen, den sie kannten, zu unterstützen. Salik war dankbar, versicherte ihnen jedoch, daß er als Maler glücklich und erfolgreich sei.

Nur einer der Analytiker nahm noch einmal Kontakt mit ihm auf. Er tat es, um Salik zu erklären, sie hätten ihn nur willkommen geheißen, da sie irrtümlich annahmen, er kehre zurück, weil er als Künstler versagt hatte. Salik konnte nur vermuten, daß die Freiheit, die er sich genommen hatte, den Augenblick zu nutzen und sein Leben zu ändern, eine große Bedrohung für die Zufriedenheit der anderen mit ihrem Leben dargestellt hatte und sie den Gedanken nicht ertragen konnten, daß er gefunden hatte, was er brauchte.

Saliks Geschichte zeigt, wenn wir auf Nummer Sicher gehen und den Regeln der Vernunft folgen, verspielen wir den Anspruch auf die Reichtümer von morgen. Wenden wir uns jedoch neuen Wegen der Selbsterkenntnis zu, begegnen wir vielleicht unerwarteten Schwierigkeiten. Doch wenn wir bereit sind, uns durch diese kritischen Situationen hindurchzuarbeiten, werden wir erstaunt entdecken, wieviel von dem möglich ist, was einmal unvorstellbar war. Talente, Ziele, Leistungen, von denen wir uns zu träumen fürchteten, können ein natürlicher Teil dessen werden, was wir sind!

Es ist gefährlich, die Suche nach den Belohnungen, die persönliche Veränderungen mit sich bringen, zu beginnen, ohne daß man begreift, welche Risiken damit unvermeidlich verbunden sind. Wenn wir unserem Herzen folgen, finden wir vielleicht unglaubliche Freude, aber auf dem Weg dorthin stoßen wir auch immer wieder auf erschreckende Hindernisse, auf Unsicherheit und Isolation.

Während wir lernen, unserem Herzen zu folgen und unser eigenes Leben zu führen, kommen mit Bestimmtheit Zeiten, in denen wir glauben, uns verirrt zu haben und allein zu sein. Wir mögen zwar verstehen, daß Gott nahe ist, doch wir werden trotzdem manchmal die Ferne und Einsamkeit erleben, die sich einstellen, wenn wir völlig auf uns selbst gestellt sind und uns auf die Entscheidung, was als nächstes zu tun ist, absolut unvorbereitet fühlen. Doch wenn wir uns entschlossen haben, Wege zu gehen, auf denen wir unserem wahren Ich treu bleiben, werden wir irgendwann wieder auf die höhere Macht in uns stoßen. Meister Eckart sagt: »Das Auge, mit dem ich Gott sehe, ist dasselbe wie das Auge, mit dem Er mich sieht.«[25]

Um die schwierigen Zeiten der vorübergehenden Trennung von dem Gott in meiner Seele durchzustehen, finde ich während des Wartens Martin Bubers Beschreibung der Eltern beruhigend, die ihrem Kind das Laufen beibringen wollen. Die Mutter oder der Vater ruft das Kind zu sich und hält die ausgestreckten Arme zu beiden Seiten des Kindes, damit es nicht fällt. Das Kind bewegt sich zwischen den schützenden Armen auf die Mutter oder den Vater zu.

Sobald das Kind näher herangekommen ist, zieht sich die Mutter oder der Vater etwas zurück, hält aber die Arme weiter ausgebreitet. Die liebenden Eltern tun das immer und immer wieder, damit das Kind lernt, allein zu stehen und auf den eigenen Füßen zu gehen.[26] Die Krisen in unserem Leben fordern uns auf die gleiche Weise zum Wachsen auf; wir stehen dabei vor der kritischen Entscheidung, ob wir darauf vertrauen, daß unsere innere Kraft in der Lage ist, dieser Herausforderung auf eine Weise zu begegnen, die unserem wahren Wesen entspricht.

# TEIL II

## *Das Anerkennen unserer Eigenheiten als ein Weg, die höhere Macht in uns zu finden*

Niemand als du selbst in einer Welt zu sein,
die alles tut, um dich zu jedem anderen zu machen,
heißt, den härtesten Kampf zu führen, den ein
Mensch überhaupt führen kann, und niemals
aufzuhören zu kämpfen.
*e.e. cummings*

Alles an dir ist etwas wert, wenn du es nur
als dein eigen anerkennst.
*Sheldon Kopp*

# *Einleitung*

Biographien sind Chronologien von Krisen – Geschichten von Menschen im Konflikt und zwar oft mit sich selbst. Die Herausforderungen, vor denen andere standen, die Entscheidungen, die sie trafen, und die Folgen, die Leid oder Freude waren, können für uns alle lehrreich sein. Einige der Veränderungen, die wir untersuchen werden, sind dem Leben von Pionieren der Erforschung des Inneren entnommen, die uns anderen den Weg gebahnt haben. Diese Vorkämpfer sind bis an die Grenzen von Gut und Böse, von künstlerischer Freiheit und häuslicher Liebe, innerer Suche und weltlicher Abenteuer gegangen. Ihre Forschungen liefern Karten von Landschaften, die manche von uns noch nie betreten haben.

Persönliche Wandlungen nehmen nicht immer einen guten Verlauf. Manche bringen Zeiten der Kreativität und führen zur Ekstase. Andere sind katastrophal und enden im Unglück. Die Biographien, die wir betrachten, sind extreme Beispiele für die Belohnungen und die Risiken, die die Erforschung solcher Regionen mit sich bringt.

Manchen Menschen, die ich als Beispiele gewählt habe, ist es hervorragend gelungen, das Beste aus der Krise zu machen, in der sie sich befanden. Jedem dieser siegreichen Menschen ist ein Gegenstück zugeordnet, das furchtbar versagt hat. Die Antipoden, die einander gegenübergestellt werden, sind Jean-Paul Sartre und der Marquis de Sade, die beide die Randbereiche persönlicher Freiheit erforschten; Georgia O'Keeffe und Diane Arbus haben die Grenzen künstlerischer Unabhängigkeit untersucht; Malcolm X und Abbie Hofman waren gesellschaftlichen Fragen verpflichtet; Thomas Merton und Bhagwan Shree Rajneesh haben die Grenzen spiritueller Erforschung erweitert.

Die meisten von uns sind weder so berühmt wie die besten dieser Führer, noch sind sie so berüchtigt wie die schlimmsten. Unsere Erfolge sind weniger glorios und unsere Fehlschläge weniger katastrophal. Die kreativen und destruktiven Extreme dieser gegensätzlichen Paare bieten denen von uns, die bescheidenere Veränderungen vollziehen, Inspiration und Warnung.

In diesen vier Kapiteln untersuchen wir zusammen mit dem jeweiligen Paar von Berühmtheiten, die in ihrer Erforschung persönlichen Wachstums bis zu den Grenzen vorgestoßen sind, die Erlebnisse eines Patienten, der einen vergleichbaren Kurs einschlug. In jedem Fall kreisten die Veränderungen im Leben meines Patienten um eine Folge von Wandlungsträumen.

Wenn wir Träume als unbewußten Ausdruck der Konflikte von gestern interpretieren, erfahren wir vielleicht mehr darüber, wie die Konflikte begannen. Wenn wir jedoch lernen, diese nächtlichen Bilder als Bemerkungen unserer Seele zu den Krisen von heute zu erleben, können sie uns dorthin führen, wohin uns das persönliche Wachstum morgen bringen wird.[27]

## 6
## *Wir haben die Freiheit zu entscheiden, welche Art Leben wir führen werden*

Viele Menschen glauben, die beste Art Gott zu dienen, zeige sich am Beispiel der Anhänger traditioneller Religionen, das heißt von Menschen, die ihre Spiritualität bekräftigen, indem sie asketisch leben, heilige Schriften studieren und sich ins Gebet versenken. Der geistige Weg, der mich am stärksten berührt, ist sowohl mystischer als auch persönlicher als diese traditionelle Form.

Es ist der Weg gewöhnlicher Menschen, die ein aktives Alltagsleben führen und der höheren Macht in sich dadurch Achtung erweisen, daß sie anderen liebevoll begegnen. Wenn wir glauben, daß Gott uns gemacht hat, wie wir sind, »weil er nicht will, daß Menschen in ihren Gelüsten gefangen sind, sondern frei in ihnen sind«[28], dienen wir ihm, indem wir uns irdischen Freuden mit ganzer Hingabe widmen.

Manche von uns fügen sich den Zwängen, die wir als gesellschaftliche Realität akzeptieren, und resignieren angesichts der Aufgabe, ihrem Leben einen persönlichen Sinn zu geben. Andere fügen sich äußerlich, während sie insgeheim verbotene Dinge tun und sich danach schuldig fühlen. Einige wenige stellen in Frage, wie sie leben. Sie suchen nach größerer Freiheit, um sich zu all dem zu entwickeln, was sie sein können. *Je freier wir sind, desto kreativer können wir sein; aber wenn wir unsere Freiheit erweitern, vergrößern wir auch unsere Fähigkeit, destruktiv zu sein.*

Jean-Paul Sartre[29] und der Marquis de Sade[30] sind extreme Gegensätze in Hinblick auf die Belohnungen und Risiken der Suche nach innerer Freiheit. Sie sind zwar durch mehrere Generationen getrennt, aber beide wuchsen als verwöhnte Kinder wohlhabender französischer Familien auf. Beide fühlten sich von den Werten unterdrückt, die ihnen aufgezwungen wurden, aber sie erweiterten die Grenzen ihrer persönlichen Freiheit mit sehr unterschiedlichen Ergebnissen. Sartre gewann Anerkennung als ein erfolgreicher philosophischer und literarischer Führer seiner Generation; de Sade bleibt als Pornograph in Erinnerung, der im Gefängnis saß. Sein Name ist ein Synonym für eine grausame sexuelle Perversion geworden.

Der Zweite Weltkrieg teilte Sartres Leben in zwei Teile. Der gewohnte Gang des ersten Lebensabschnitts endete, als seine Laufbahn als unpolitischer Philosophielehrer an einem Gymnasium durch die Einberufung zum Militär unterbrochen wurde. Anfangs stand er als anonymer Soldat unter militärischem Kommando, dann war er Insasse eines deutschen Kriegsgefangenenlagers, und schließlich lebte er als unterdrückter Zivilist unter deutscher Besatzung in Paris. Sartre bewältigte das alles, indem er sich völlig verwandelte. Er begann als ungebundener Akademiker und endete als engagierter Aktivist.

Als Sartre erkannte, daß die Gültigkeit seiner akademischen Theorien nur durch das Handeln im Alltag bewiesen werden konnte, wurde er ein neuer Mensch, der bereit war, sich in »ein weltweites politisches Projekt direkter Aktion« zu stürzen.[31] Er wurde ein einflußreicher, weltbekannter Philosoph, der versuchte, die zersplitterten Fraktionen seiner Zeit zu einen.

Sartre war auch uneins mit sich selbst. Er mußte innere Konflikte lösen – das Ziel stand im Gegensatz zu den Mitteln, Leidenschaftlichkeit im Gegensatz zu Disziplin und echte persönliche Ziele zu künstlichen gesellschaftlichen Erwartungen. Er untersuchte seine Erfahrungen und erforschte in dem Bemühen sein Inneres, sowohl durch Denken und Schreiben einen Ausweg aus den inneren Widersprüchen zu finden, die durch all das entstanden, woran zu glauben man ihn gelehrt hatte, als auch die willkürlichen Restriktionen gesellschaftlichen Verhaltens, das ihm aufgezwungen worden war.

Seine Existenzphilosophie entwickelte sich teilweise aus den Versuchen, sein wahres Wesen aus den bedrückenden Zwängen zu lösen, die sein Leben bestimmt hatten. Allmählich erkannte er, daß wir alle in Familien und Kulturen hineingeboren wurden, die wir uns nicht ausgesucht haben, daß man uns Namen gab, die wir nicht gewählt haben, daß man uns Werte und Verhaltensweisen lehrte, die wir freiwillig nicht unbedingt übernommen hätten, und daß man oft von uns erwartet, ein Leben zu führen, das andere vorgezeichnet haben.

Nachdem Sartre erkannt hatte, daß die ihm zugewiesene Identität keinen authentischen persönlichen Sinn besaß, begriff er, daß wir alle die Freiheit, das Recht und die Verantwortung haben zu entscheiden, wer wir sein und wie wir unser Leben leben wollen. Er argumentierte, es gebe keine essentielle menschliche Natur, und das Leben habe keinen essentiellen Sinn. Deshalb müßten wir selbst entscheiden, was wir aus unserer subjektiven Existenz machen wollen.

Diese Freiheit, den Sinn unseres Lebens selbst zu finden, verlangt ein zynisches Mißtrauen gegenüber festgelegten gesellschaftlichen Rollen und engen Glaubensformen. Jene, die die Verantwortung für die freie Entscheidung in ihrer individuellen Existenz übernehmen, können stolz auf die bewußte Art und Weise sein, in der sie sich definieren. Leider nahmen manche seiner naiveren und ungeduldigen jungen Schüler seine Aussage, das Leben habe keinen essentiellen Sinn, zu wörtlich. Um symbolisch zu bekräftigen, was sie vom Existentialismus gelernt zu haben glaubten, begingen einige dieser jungen französischen Studenten Selbstmord.

Sartre sagte: »Mein Leben und meine Philosophie

sind eins im selben«[32]. Er lebte seine Philosophie öffentlich im radikalen gesellschaftlichen und politischen Handeln und wurde als Romanautor und Dramatiker, aber auch als Philosoph und politischer Aktivist bald eine international einflußreiche Persönlichkeit.

Er lebte auch im privaten Bereich nach seinen Überzeugungen. Seine Lebensgefährtin, Simone de Beauvoir, teilte seine Maßstäbe für eine intime, persönliche Beziehung: »Reisen, Polygamie, Transparenz«.[33] In zwei großen Pariser Wohnungen führten sie unabhängige Leben und unterhielten sich oft nur telefonisch. Sie waren einundfünfzig Jahre zusammen, ohne zu heiraten, und überprüften und erneuerten, wie vereinbart, alle zwei Jahre die Möglichkeit, weiterhin als Partner zusammenzubleiben oder sich zu trennen.

Das Ergebnis von Sartres Verwandlung läßt sich am besten mit seinen eigenen Worten zusammenfassen: »Der Existentialismus definiert den Menschen durch sein Handeln. Der Mensch verpflichtet sich seinem Leben und zeichnet damit sein Bild, außer dem es nichts gibt. Wir sind ohne alle Ausflüchte allein. Das meine ich, wenn ich sage, der Mensch ist dazu verdammt, frei zu sein.«[34]

Wie jede klar umrissene Persönlichkeit polarisierte Sartre sein Publikum. Er wurde abwechselnd bewundert, weil er zu individueller Freiheit aufrief, und verdammt, weil er traditionelle Werte kritisierte, doch seine Worte stellten die Überzeugungen seiner Anhänger und derer, die ihn verleumdeten, in Frage. Er wurde zu einem Mann, der jedesmal über sich lachte, wenn er an sein früheres Leben dachte. Deshalb konnte er bis an sein Lebensende mit ganzer Hingabe dorthin gehen, wohin sein wahres Ich ihn führte. Er weigerte sich, den Orden der Ehrenlegion, den Nobelpreis und einen Lehrstuhl am Collège du France anzunehmen, weil er nicht bereit war, sich durch eine auch noch so erhabene Institution definieren zu lassen.

Sartres erfolgreiche Verwandlungen stehen in starkem Kontrast zu den Fehlschlägen eines anderen Vertreters radikaler persönlicher Freiheit – dem Marquis de Sade. Die zentrale Krise dieses aristokratischen Libertins hing ebenfalls mit dem Verlust der Freiheit zusammen. Er wurde als noch nicht Dreißigjähriger ins Gefängnis gesperrt – zuerst wegen seiner Schulden und danach wegen einer skandalösen Affäre, bei der er vier Prostituierte gegen ihren Willen festgehalten und mißbraucht hatte. Er beging eine Reihe Eskapaden und dann sexuelle Ausschweifungen, die zu weiteren Gefängnisstrafen führten. Insgesamt verbrachte de Sade mehr als achtundzwanzig seiner letzten vierzig Lebensjahre im Gefängnis.

Auch er bemühte sich darum, die Krise des Freiheitsentzugs in eine Möglichkeit zu persönlichem Wachstum zu verwandeln. Zwar versuchte de Sade, seine Wollust in eine philosophische Anschauung umzugestalten, doch er wurde kaum mehr als ein pathologischer Pornograph.

Im Gefängnis begann er, unersättlich zu lesen – die klassischen Philosophen sowie zeitgenössische literarische Werke – und zu schreiben – Romane, Theaterstücke und Essays. Schließlich entwickelte de Sade eine eigene, heftig antireligiöse und leidenschaftlich respektlose Philosophie. Er »beabsichtigte, jede mögliche lasterhafte Handlung oder jede mögliche Kombination lasterhafter Handlungen und jede vorstellbare Ausschweifung zu kommentieren«.[35] Seine Werke waren nicht als Handbücher der Sexualität gedacht, die seine Leser schockieren sollten, sondern als philosophische Arbeiten, die gleichzeitig erschrecken, faszinieren und aufklären sollten.

De Sade behauptete, daß menschliches Verhalten von der Natur und nicht von einem extern auferlegten System bestimmt wird. In seiner »individuellen Definition der Moral«[36] bestand er darauf, daß »es nichts Böses gibt, aus dem nicht etwas Gutes entsteht«.[37]

Er lebte, wie er schrieb, und beging in den kurzen Zeiten, in denen er dem Gefängnis entfloh, immer wieder skandalöse Ausschweifungen. Nach seiner Freilassung ernannte ihn die Revolutionsregierung zum Richter. In dieser Eigenschaft weigerte er sich, Mitglieder der Opposition zum Tode zu verurteilen, denn »man mag zwar um des Genusses willen Verbrechen begehen«, aber man darf nicht »im Namen der Justiz morden«.[38]

Sartres Lebensgefährtin, Simone de Beauvoir, schrieb später einen Essay mit dem Titel *Soll man de Sade verbrennen.*[39] Sie behauptet darin, de Sades Deviationen seien als solche weniger interessant als in der ethischen Bedeutung der Tatsache, daß er die Verantwortung dafür übernahm. Nach de Beauvoirs Überzeugung liegt der Wert von de Sades respektlosem Hedonismus hauptsächlich darin, daß er in der Lage ist, uns so zu verunsichern, daß wir alles, was man uns gelehrt hat, noch einmal überprüfen, um unseren Verstand von Beschränkungen zu befreien. Mit anderen Worten, *was in unserer Phantasie geschieht, geht niemanden etwas an außer uns selbst!*

Als die Frau, die ich Melissa nennen will, mich wegen ihrer »selbstzerstörerischen Liebesbeziehung« aufsuchte, war meine Arbeit mit ihr von diesen Werken beeinflußt. Melissa war in ihrem unglücklichen Erwachsenenleben immer wieder Beziehungen mit Männern eingegangen, die sie mißbrauchten. Meist hatte sie diese Männer auch geheiratet. Dabei glaubte sie jedesmal, als Ehefrau werde es ihr leichter fallen, sich selbst gegenüber bessere Gefühle zu entwickeln, und dann würde es möglich sein, »glücklich bis ans Ende ihrer Tage« zu leben.

Durch Psychotherapie hatte sich Melissa bereits vorher von den emotionalen Übergriffen ihrer dritten Ehe befreit. Als sie zu mir kam, war sie in einen homosexuellen Mann verliebt, der Aids hatte. Sie sagte: »Ich habe einen dominanten, gefühllosen Macho nach dem anderen geheiratet. Als ich mich schließlich von ihren Mißhandlungen befreien konnte, kam ich zu dem Schluß, daß es zu gefährlich sei, mich noch einmal zu verlieben. Und was passiert? Ich verknalle mich in einen Schwulen mit Aids! Wir werden nie miteinander schlafen. Er wird sterben, und ich werde allein alt. Ich glaube, ich bin echt krank.«

Während der ersten Sitzung beschlossen wir zusammenzuarbeiten. Aber als ich Melissa sagte, wir müßten uns dazu mindestens zweimal in der Woche treffen, behauptete sie, andere Verpflichtungen ließen nicht zu, daß sie öfter als einmal wöchentlich komme. Sie faßte meine Bedingung in Hinblick auf die Häufigkeit unserer Treffen als Hinweis darauf auf, daß sie »gefühlsmäßig so durcheinander« sei, daß ich ihr nicht helfen könne, wenn sie nicht regelmäßig käme. Ich erklärte ihr, meine Forderung habe weniger mit der Schwere *ihrer* Probleme zu tun, als mit *meinem* Bedürfnis, ihr die Hilfe anbieten zu können, die ich ihr geben wollte. Melissa bat mich dringend nachzugeben, aber ich blieb fest. Ich gab ihr die Namen anderer Therapeuten, die sich möglicherweise zu weniger häufigen Sitzungen bereitfinden würden. Aber sie lehnte meine Vorschläge ab und beharrte darauf, ich sei der einzige Therapeut, zu dem sie gehen wolle.

Melissa verabschiedete sich in dem Bewußtsein, daß sie sich um einen weiteren Termin bemühen konnte, sobald sie bereit war, zweimal in der Woche zu kommen. Wenige Tage später erhielt ich ein paar

Zeilen, mit denen sie erklärte, mein Verhalten sei zwar »unprofessionell« gewesen, aber leider fühle sie sich wieder einmal zu einem gleichgültigen »Scheißkerl« hingezogen, der sie benutzte. Sie versprach, sich wieder zu melden, wenn sie ihre derzeitigen Verpflichtungen hinter sich gebracht habe und frei sei.

Einige Monate später begannen wir, uns zweimal in der Woche in meiner Praxis zu treffen. Melissa war zwar stolz darauf, »eine besondere Art Frau« zu sein, deren freches, »schrilles« Benehmen »unerhört« war, doch ich sah in ihrem Nonkonformismus den oberflächlichen Versuch, andere mit ihrem »Schandmaul«, wie sie sagte, zu schockieren, sie mit ihrem »schrillen« Aussehen zu blenden und sie mit ihrem »Woodoo«-Glauben an das Okkulte zu ängstigen.

Während der Therapie erzählte Melissa eine Reihe Träume, für die der folgende typisch ist: »Ich war in einer Art Häuschen auf dem Land, von dem ich immer geträumt habe, als ich jung war. Aber jetzt, nachdem ich es hatte, war alles falsch! Die Aussicht wurde von überladenen Spitzenvorhängen an den Fenstern und einem weißen, zu hohen Lattenzaun versperrt. Ich wußte, daß die Landschaft wundervoll war, aber dort, wo ich stand, konnte ich nichts davon sehen. Ich drehte mich um, damit ich mich wenigstens an meinem Häuschen erfreuen konnte, aber auch da war alles verkehrt. Vom Wohnzimmer weiß ich nur noch, daß ich irgendwie alle Bilder falsch herum aufgehängt hatte.«

Nach Melissas Deutung gab der Traum ihrer Mutter recht, die gesagt hatte, selbst wenn Melissa alles bekomme, was sie wolle, werde sie niemals glücklich sein, weil es ihr immer gelang, alles durcheinanderzubringen. Ich erklärte, die Probleme mit dem Haus im Traum deuteten darauf hin, daß sie einen unnötig beschränkten Blick habe; symbolisiert werde das durch die übermäßig dekorierten Fenster. Ihr Blick auf sich selbst und auf ihr Leben sei behindert durch ihre falsche Auffassung von »schrill« als »frei« und versperrt durch ihre übertriebene Vorstellung von akzeptablem Verhalten. Ich forderte sie auf, sich vorzustellen, daß diese Scheuklappen sie daran hinderten, die schöne Landschaft zu genießen, die sich vor ihren Augen ausbreitete.

Melissa sah ihr Verliebtsein in einen Schwulen als Hinweis darauf, daß sie immer noch durcheinander sei. Aber ich fand ihre Schilderung dieser Beziehung sehr viel liebevoller als die Erzählungen von all den anderen Männern, die sie gekannt hatte. Als ich sagte: »Das klingt, als hätte Ihnen noch nie zuvor soviel an jemandem gelegen und als seien Sie noch nie so liebevoll behandelt worden«, änderte sich ihr üblicher zynischer Ton. Zum ersten Mal, seit ich sie kannte, klang sie sanft und zärtlich.

Sie begann, gegen ihren Willen zu weinen, und behauptete dabei die ganze Zeit, »so etwas ohne Sex muß doch krank sein«. Als ich sagte, sie sei unfähig zu glauben, ein Mann könne sie lieben, auch wenn er nicht mit ihr ins Bett gehen wollte, schluchzte sie noch heftiger. Melissa versuchte, all das Schmerzliche, was sie empfand, zu leugnen; sie nahm sich zusammen, richtete ihre schnoddrige Fassade wieder auf und sagte hartnäckig: »Ja, ja, aber was für eine dumme Kuh hängt sich an einen Kerl, von dem sie weiß, daß er bald abkratzt?«

Ich erwiderte leise: »Eine Frau, die zum ersten Mal im Leben genug Mut aufbringt, um die Liebe, die sie empfindet, über den Verlust zu stellen, den sie fürchtet.« An diesem Tag weinte Melissa offen und hemmungslos. Sie stellte sich der Tiefe ihrer ehrlichen Gefühle, so lange sie konnte, und als sie wiederkam, gab sie sich ihrem Kummer immer und immer wieder hin.

Allmählich erkannte sie, ausschlaggebend war nicht, ob die Beziehung Sinn machte oder nicht, sondern schlicht der Umstand, daß sie sich wieder frei fühlte zu lieben. Das Wichtigste war, daß Melissa ihrem Herzen auf eine Weise folgte, die zu diesem Zeitpunkt ihres Lebens emotional sinnvoll war.

Hätte sie nur die Krise bewältigen wollen, die durch diese Beziehung entstanden war, hätte sie die Therapie an diesem Punkt abgebrochen. Statt dessen machte sie weiter, denn sie war gespannt auf all die anderen neugefundenen Freiheiten, die dieses Begreifen vorweggenommen haben mochte.

Einige Sitzungen später, als Melissa über ihre berufliche Krise sprach, griffen wir die Interpretation ihres Traums wieder auf. Melissa war nach ihrer Scheidung auf eine Fachhochschule gegangen, um Sozialarbeiterin zu werden. Sie bezeichnete es als »Witz« und sagte: »Womit soll eine unverheiratete Frau ihren Lebensunterhalt verdienen? Ich weiß, ich sitze auf einem Vermögen, aber ich hasse Männer zu sehr, um Nutte zu werden.« Ich wies darauf hin, daß sie vielleicht deshalb beschlossen hatte, keine Prostituierte zu werden, weil sie Männer nicht genug haßte und nicht oberflächlich genug war, um sich von Freiern ihren Lebensunterhalt bezahlen zu lassen.

Außerdem wies ich darauf hin, daß Sozialarbeit ohnehin nicht die einzige Alternative für sie war, und daß sie sich sehr wahrscheinlich nicht zufällig für diesen Beruf entschieden habe. Widerstrebend gab Melissa zu, daß sie sich zwar meist für »absolut egoistisch« hielt, aber den starken Wunsch hatte, das Leid anderer zu lindern und aus ihrem »vergeudeten Leben« etwas Sinnvolles zu machen.

Sie wollte Psychotherapeutin werden, doch sie glaubte, sobald ich erfahre, daß sie Tarot[40] und andere »Woodoo«-Praktiken bei ihrer Arbeit benutzte, würde ich dafür sorgen, daß man sie entließ. Es fiel Melissa schwer zu glauben, daß ich solche unkonventionellen Methoden ernst nahm.

Ich halte die Volkskunst, die wir Psychotherapie nennen, nur für eine zeitgenössische westliche Form des uralten, universellen Versuchs des Menschen, einem anderen in den unvermeidlichen Krisen von

Enttäuschung und Verlust zu helfen. Ich finde alles in Ordnung, was dem Therapeuten und dem Patienten hilft, sich der Optionen und der Verantwortung für ihre Entscheidungen bewußter zu werden.

Die Annahme, daß frühe Kindheitserfahrungen unnötigem Leid im Erwachsenenleben zugrunde liegen, funktioniert gut bei Psychoanalytikern, für die eine Therapie darin besteht, daß der Patient seine Geschichte erzählt, um herauszufinden, wie alles anfing. Aber für mich sind Neurosen und der Ödipuskomplex nichts anderes als psychoanalytische Metaphern.

Viele Therapeuten benutzen ebenso erfolgreich andere Vorstellungsbilder. Manche Patienten haben ihren Frieden in der Gegenwart dadurch gefunden, daß sie frühere Leben erforschten, andere haben ihr Leben durch eine Wiedergeburt verwandelt. Möglicherweise funktioniert Melissas Woodoo für sie und für die, denen sie helfen wollte, genauso gut.

Ich beschäftigte mich wieder mit ihrem Traum und forderte Melissa auf, die verkehrt aufgehängten Bilder als Ausdruck der Faszination zu betrachten, die der Gebrauch der Tarotkarten für sie hatte. Die archetypischen Bilder des Tarot »gehen über kulturelle und linguistische Traditionen hinaus«.[41]

Viele Menschen benutzen diese Karten, um die Zukunft vorherzusagen. Für mich spiegeln sich in ihnen die Winkel unseres Wesens, die als Folge bestimmter Vorstellungen von konventioneller Klugheit verborgen wurden und uns nicht mehr bewußt sind.

Der Gehängte ist eine zentrale Karte; er symbolisiert kurz bevorstehende Veränderungen. Die Gestalt hängt kopfüber an einem Kreuz aus grünem Holz. Sie hat die Arme hinter dem Rücken gefaltet und bildet mit dem nicht befestigten Bein ein Kreuz. Der Kopf hängt in einer leuchtenden Wolke tiefer Ekstase nach unten. Sein Bewußtsein kehrt sich um, er büßt für sein bisheriges Leben in der Welt. Jetzt überläßt er sich dem erlösenden Versenken in geistige und okkulte Dinge.

Liegt die Karte mit dem Kopf unten, deutet sie eine Umkehrung der Lebensweise eines Menschen an. In dieser prophetischen Pause schiebt er Entscheidungen auf, während er dicht davor ist, all das, was er früher ignoriert hat, völlig in sein Bewußtsein einzulassen. Mit dem Kopf der Gestalt nach oben impliziert die Karte falsche Prophezeiungen, Arroganz und Widerstand gegen geistige Einflüsse. Das Auftauchen der Karte weist auf einen entscheidenden Kreuzweg hin, an dem die Person in einer Krise steht – entweder geht sie in Richtung Erlösung weiter, oder sie bleibt in den alten Bahnen stecken.

Melissa und ich sprachen einige Zeit in der Tarot-Symbolik über die Bilder, die sie im Traum verkehrt herum aufgehängt hatte. Nachdem sie feststellte, daß ich ihre etwas exzentrische Arbeitsweise akzeptierte, begann sie, den Wert ihrer persönlichen Eigenarten zu erforschen, ohne sich über deren Legitimität noch länger große Sorgen zu machen.

Auf ihre Bitte hin übernahm ich die Aufsicht bei einigen ihrer Aufgaben. Allmählich beunruhigte sie ihr eigenwilliges Abweichen von den Normen immer weniger, und schließlich fiel es ihr auch leicht, sich die Freiheit zu nehmen, therapeutisch auf ganz andere Weise zu arbeiten als ich.

Vor dem Tod des homosexuellen Mannes, den sie liebte, verwandelte Melissa allmählich ihre Beziehung in die erste verläßliche, von gegenseitigem Respekt geprägte Freundschaft mit einem Mann. Noch zu seinen Lebzeiten verlagerte sie ihre therapeutische Arbeit auf Aids-Patienten. Nachdem er gestorben war, begann sie, Sterbende in einem Hospiz zu betreuen.

Es stellte sich heraus, daß Melissas Suche nach romantischer Liebe nicht zu Ende war. Sie begann, lesbische Beziehungen zu erkunden, und erwartete, das werde schließlich zu einem »verspäteten *coming out*« führen. Ihre Phantasievorstellung, ein »Kerl« zu werden, war ein Kurzzeit-Experiment. Diese Erlebnisse verwandelten sie nicht in eine Lesbierin, befreiten sie jedoch soweit, daß sie mit anderen Frauen Freundschaften eingehen konnte, die emotional weniger eingeengt waren als alle früheren.

Zu dieser Zeit konnte Melissa ihren Wunsch nach einem heterosexuellen Mann, mit dem sie ihr Leben teilen wollte, wieder zulassen. Diesmal stand ihr bei der Suche das gewohnte Selbstbild einer abhängigen Frau, die nur durch die Ehe mit einem Macho, der für sie sorgen würde, vollständig werden konnte, nicht im Weg.

Statt dessen wollte sie einen sensiblen Mann, der sie akzeptierte und der sie mit Achtung behandelte, ohne sich dadurch bedroht zu fühlen, daß sie ein eigenes Leben führte. Sie hatte erfüllte Freundschaften mit Männern und Frauen und eine berufliche Laufbahn, die eindeutig ihr eigenes Werk war. Zum ersten Mal konnte sie sich Liebe ohne die klammernde Abhängigkeit vorstellen, die sie früher so anfällig für Mißbrauch gemacht hatte.

Melissa hatte entdeckt, *daß das Maß ihrer Freiheit, ein wirklich eigenes Leben zu führen, von ihrer Fähigkeit abhing, den Unterschied zwischen dem zu sehen, was sie wollte, und dem, was andere von ihr erwarteten.*

Es ist nichts dagegen zu sagen, daß man mit dem Strom schwimmt, so lange man es im vollen Bewußtsein aller Implikationen tut, die diese Entscheidung mit sich bringt. Um sich treu zu bleiben, muß man sich nur der möglichen Optionen bewußt sein, unter ihnen wählen und sich verantwortungsvoll den Konsequenzen seines Handelns stellen.

Einen freien Willen zu haben, verlangt nicht, daß wir konventionelle Klugheit verachten. Wir müssen uns nur im klaren darüber sein, daß wir, wenn wir uns willkürlich gesetzten sozialen Maßstäben unterwerfen, eine Alternative gewählt haben, die wir ebenso leicht ablehnen können. Es gibt einem ein gutes Gefühl zu wissen, daß man tun kann, was erwartet wird, aber ein noch besseres, wenn man es nicht tut. Ein junger Jazzpianist sagte einmal: »Ich möchte gern spielen können wie Art Tatum, und dann auch wieder nicht.«

Ganz gleich, wie sehr wir uns bemühen, wir können weder unsere Freiheit noch das Erreichen unserer Ziele *erzwingen*. Persönliches und spirituelles Wachstum stellt sich nicht allein dadurch ein, daß wir beschließen, unser Leben zu ändern. Wir müssen uns statt dessen ganz dem Erleben des Augenblicks hingeben und unsere Entwicklung der höheren Macht überlassen, die verborgen in uns lebt.

Man erzählt die Geschichte eines Weisen, der sich aus religiösen Gründen in die Einsamkeit zurückzog. Er wollte spirituelles Wachstum erlangen, indem er fastete. Aber für den Fall, daß er während der Woche, die er in der Abgeschiedenheit verbringen wollte, zu hungrig werden sollte, nahm er mehrere Brotlaibe und einen Krug Wasser mit. Als er am Ende der Woche wieder nach Hause gehen wollte, hob er den Sack hoch und stellte fest, wie schwer er war. Er öffnete ihn und fand zu seiner Überraschung noch alle Brote. Er erkannte, daß das Fasten eine gute Sache ist, wenn man während der Hinwendung im Gebet den Hunger vergißt.[42]

## 7
## *Um kreativ zu sein, müssen wir unseren Gefühlen folgen*

Nachdem der Führer einer religiösen Gemeinschaft starb, trat sein Sohn die Nachfolge an. Als sich Mitglieder der Gemeinde darüber beklagten, daß der junge Mann anders sei als sein Vater, erwiderte er: »Ich halte es genauso wie mein Vater. Er hat niemanden imitiert, und ich tue das auch nicht.«[43]

Wenn unser Tun originär und kreativ sein soll, müssen wir bereit sein, uns nicht länger dafür zu interessieren, was andere von der Art und Weise halten, wie wir arbeiten. Wir müssen darauf achten, daß wir nicht zwischen der Konzentration auf unsere innere Vision und der Ablenkung durch andere, die unser Tun beobachten, hängenbleiben. Zwei bekannte amerikanische Künstlerinnen rangen mit dieser Art Krise – jede auf ihre Weise. Georgia O'Keeffe[44] war Malerin, Diane Arbus[45] war Photographin. Beide Frauen arbeiteten auf Gebieten, in denen traditionell Männer dominierten, und deshalb wurde ihnen der kritische Beifall für ihr Werk nur widerwillig gewährt.

Georgia O'Keeffe wuchs in einer Farmerfamilie

auf, die ihr wenig Aufmerksamkeit schenkte. Sie starb als über Neunzigjährige nach einem künstlerisch fruchtbaren und persönlich erfüllten Leben. Diane Arbus war das in kultureller Hinsicht bevorzugte Kind einer reichen New Yorker Familie. Sie beging als über Fünfzigjährige Selbstmord, indem sie sich die Pulsadern aufschnitt.

Georgia O'Keeffes Familie akzeptierte ihr frühes Interesse an der Malerei nur, weil man hoffte, aus ihr »werde vielleicht eine gebildete junge Dame, möglicherweise sogar eine Kunstlehrerin«.[46] Niemand außer Georgia nahm die Vorstellung ernst, sie könnte eines Tages tatsächlich Malerin werden.

Sie war stets eine unabhängige Einzelgängerin, die ihren eigenen Weg ging. Sie wehrte sich gegen die Einmischung anderer und behielt ihre Ansichten für sich. Als junge Feministin war sie überzeugt, jede Beziehung mit einem Mann behindere ihre künstlerische Freiheit, und sie scheute vor Liebesgeschichten zurück, um ihre Energie für die Malerei aufzusparen.

Ihre bewußte Zurückhaltung wurde schließlich durch die Begegnung mit Alfred Stieglitz auf die Probe gestellt. Dieser betont aggressive, erheblich ältere Mann war ein erfolgreicher New Yorker Photograph. Er besaß eine international einflußreiche Galerie, in der er junge Künstler förderte.

Georgia O'Keeffe war ein sehr verschlossener Mensch, und deshalb »schreckte sie vor der Vorstellung zurück, daß Fremde ihre Bilder betrachten könnten«.[47] Stieglitz glaubte jedoch an ihr Talent, setzte sich über ihre Proteste hinweg und zeigte der Welt ihre Arbeiten. Er verliebte sich in die Frau Georgia O'Keeffe und pries sie als Künstlerin.

O'Keeffe ergab sich ihm an beiden Fronten – als Künstlerin trat sie an die Öffentlichkeit, und sie gab seinen Forderungen nach Häuslichkeit nach. Sie lebte viele Jahre mit Stieglitz zusammen und erklärte sich dann widerstrebend bereit, ihn zu heiraten. Sie wollte in der Wüste im Südwesten der Vereinigten Staaten leben, die ihre Arbeit inspirierte, doch sie erklärte sich bereit, bei Stieglitz in New York City zu bleiben.

Allmählich wurde sie als »bedeutende Malerin« anerkannt, und man interpretierte ihre Bilder oft als Ausdruck einer eigentümlich weiblichen, erotischen Sicht des Lebens. Georgia O'Keeffes Krise bestand darin, daß sie in einen Zwiespalt geriet, weil ihr Ehemann und die Kunstwelt ihrer Identität als Frau einen höheren Stellenwert beimaßen als ihrem eigenen Selbstverständnis als Künstlerin.

Sie begegnete dieser Krise in ihrer Laufbahn, indem sie immer wieder darauf beharrte, daß ihre ureigene Sicht der Dinge ihren freien, kreativen Blick als Künstlerin spiegelte und keine geschlechtsgebundene weibliche Sehweise. Sie bekräftigte ihre Individualität mit der Feststellung: »Die Männer werten mich gerne damit ab, daß sie mich als die beste *Male-*

*rin* betrachten. Ich glaube, ich gehöre zu den Besten in der Malerei.«[48]

Es fiel ihr schwer, die Unabhängigkeit von Stieglitz zu bewahren. Ihr alternder, besitzergreifender Ehemann war verletzt, als sie nach New Mexico gehen wollte, um zu malen. Georgia O'Keeffe begann, unter schweren Kopfschmerzen zu leiden und wurde überempfindlich gegen Lärm. Ihre Lage verschlimmerte sich, und sie bekam schreckliche Angst vor den überfüllten Straßen der Stadt. Sie fürchtete, den Verstand zu verlieren. Nach einem mehrwöchigen Krankenhausaufenthalt beschloß sie, sich über die Wünsche von Stieglitz hinwegzusetzen und in den Südwesten zurückzugehen, um »völlig individualisiert und allein auf der *mesa*« zu sein.[49]

Um als Künstlerin zu überleben, behielt sie diesen Rhythmus bei und »verließ den Osten jedes Frühjahr mit Farbtuben und Leinwand und kam im Herbst zurück, den Rücksitz voller Bilder für Stieglitz, um sie der Welt zu zeigen«.[50] Er fand sich damit ab, lieber sechs Monate des Jahres mit ihr zusammenzusein, als zwölf Monate mit irgendeiner anderen Frau auf der Welt.

Nach dem Tod ihres Mannes verbrachte Georgia O'Keeffe den Rest ihres Lebens meist allein in der Wüste, wo sie malen konnte, ohne von familiären Forderungen oder dem Druck der Öffentlichkeit gestört zu werden. Sie führte das Leben einer einsamen starken Frau – ein unabhängiger, zurückgezogener

Mensch und eine kreative, produktive Malerin; sie war von einer unerschütterlichen Selbstsicherheit in ihrem Schweigen über ihre Malerei und von einer rücksichtslosen Offenheit in ihrer Mißachtung konventioneller gesellschaftlicher Forderungen.

Beides kommt deutlich in ihrer Ungeduld gegenüber aufdringlichen Fremden zum Ausdruck. Auf die Frage eines Besuchers, weshalb sie ihre Bilder nicht signiere, erwiderte sie einmal: »Weshalb signieren Sie nicht Ihr Gesicht?«[51] Ein anderer Besucher erschien unangemeldet an der Tür ihres einsamen Hauses in den Bergen und wollte Georgia O'Keeffe sehen. »Vorderseite!« erklärte sie, drehte sich um, verkündete: »Rückseite!«, wandte sich ihm wieder zu, sagte: »Auf Wiedersehen!« und schlug ihm die Tür vor der Nase zu.[52]

Sie war weniger eine misanthrophische Einsiedlerin als eine Frau, die genaue Vorstellungen davon hatte, wie sie ihr Leben führen wollte. Ich erinnere mich an einen Dokumentarfilm, den Perry Miller Adato über die mehr als achtzigjährige Georgia O'Keeffe gedreht hat.[53] Nachdem sie ihr Sehvermögen teilweise eingebüßt hatte, erlaubte sie einem jungen Mann, der töpferte, in ihr Haus zu ziehen. Sie war glücklich, daß der junge Mann mit einem Schnurrbart und einem Pferdeschwanz ihr beibrachte, handgeformte Keramiken zu machen. Allmählich kehrte ihre Energie zurück, und sie begann wieder zu malen.

Angesichts der Krise, in die unsere Kultur ehrgeizige Frauen oft treibt, kam für Georgia O'Keeffe ihre Malerei an erster Stelle und das Familienleben an zweiter. Sie ignorierte die Erwartungen der Gesellschaft und richtete ihren Blick durch die Augen der Seele auf die Dinge; sie ging ihren eigenen Weg, lebte ein langes und glückliches Leben und schenkte der Welt die Schönheit ihrer persönlichen Sicht.

Die Befreiung dieser Frau führte zu einem großartigen Ergebnis. Doch wie die Erfahrungen der nächsten Frau zeigen, nehmen wahre Geschichten nicht immer ein gutes Ende. Diane Arbus stand vor einer vergleichbaren Krise, traf eine ähnliche Entscheidung und endete als Opfer ihrer Versuche, ihren Platz in der Welt zu behaupten. Ihre beunruhigenden, professionellen Portraits von Freaks und Exzentrikern »veränderten drastisch unsere Vorstellung davon, was in der Photographie erlaubt ist«.[54] Doch ihre persönliche Entfremdung und Desillusionierung wurden so überwältigend, daß sie sich schließlich das Leben nahm.

Auch sie war ein sehr zurückhaltendes, unerträglich schüchternes Kind. Aber anders als Georgia O'Keeffe hatte Diane Arbus Eltern, die große Anforderungen an sie stellten, und die eigene, verinnerlichte gesellschaftliche Realität ihrem insgeheim phantasievollen, sehr talentierten Kind aufzwangen. Sie benutzten Diane als gefügiges Ornament für das eigene unsichere Ego, und ihre mißbräuchliche Einmischung wurde tödlicher als die keineswegs bösartige Vernachlässigung, unter der Georgia O'Keeffe als Kind gelitten hatte. Diane Arbus war bald unsicher, wer oder was sie war, und wo die Grenzen zwischen ihr selbst und anderen verliefen.

Sie identifizierte sich mit Lewis Carrolls Alice, die sich in einer kaleidoskopischen Welt wechselnder Realitäten und unlogischer, unbeständiger Regeln verwandelt und klein wird. Sie betrachtete stundenlang ihr Bild im Badezimmerspiegel und fragte sich: »Bin ich wirklich groß? Bin ich wirklich klein? Bin ich auf irgendeine Weise unvollkommen? Bin ich in Ordnung?«[55] Als Dreizehnjährige versuchte Diane Arbus, ihre Kindheitsängste zu lindern, indem sie sich voll Bewunderung an einen erfahrenen »zärtlichen, aber dominanten«[56] Mann hängte, den sie als ihren Guru bezeichnete. Die beiden sahen sich sehr ähnlich, sie hätten Zwillinge sein können.

Schließlich heiratete sie Aklan Arbus und bemühte sich sehr, seine vollkommene Frau/Mutter zu sein. Er entschied, daß sie auch als Photographen zusammenarbeiten würden. Sie entwarfen zunächst Werbeanzeigen für das Warenhaus von Dianes Vater und später für elegante Modezeitschriften.

Der Druck ihres einengenden persönlichen und beruflichen Lebens führte zu einer Krise, durch die Diane Arbus depressiv wurde. Sie hatte entsetzliche Angst vor dem Alleinsein, doch sie begann zu begreifen, daß ihr Leben wenig wert sein würde, wenn sie es nicht auf ihre Weise lebte.

Diane Arbus versuchte, sich durch eine Reihe unkonventioneller sexueller Experimente zu befreien. Wie sie gestand, war ihr Hunger nach ungewöhnlichen Erfahrungen so extrem, daß sie sogar eine Freundin beneidete, die vergewaltigt worden war. »Sex war der schnellste, einfachste Weg, um die Verbindung mit einem anderen Menschen aufzunehmen, und je heruntergekommener und vulgärer die Person oder die Umgebung war, desto intensiver war die Erfahrung und desto mehr erweiterte es ihr Leben.«[57] Ihre erotischen Eskapaden endeten schließlich mit dem Scheitern ihrer Ehe.

Nachdem sie von der Bewunderung für ihren perfektionistischen, dominierenden Partner in der Photographie frei war, erlebte Diane Arbus, daß ihr eigener künstlerischer Blick zum Vorschein kam. Sie wollte alles photographieren, was sie für grotesk oder verboten hielt – die äußeren Erscheinungsformen all dessen, was in ihrem geheimen Ich verborgen war.

Diane Arbus machte Aufnahmen von alten, faltigen Liliputanern, von Riesen, tätowierten Menschen, alten Zwillings-Paaren, dicken Nudisten ebenso wie von den »Androgynen, den Verkrüppelten, den Toten und den Sterbenden«.[58] Ihre Sujets faszinierten sie und stießen sie gleichzeitig ab. Um ihre Arbeit tun zu können, mußte sie den Mut aufbringen, sich dem eigenen Gefühl zu stellen, ein Freak zu sein.

Damit sie in Nudisten-Camps photographieren durfte, mußte sie ebenfalls nackt sein. Sie sagte darüber: »Ich bin nicht dazu beauftragt, ich bin beteiligt.«[59] Das galt auch für ihr Privatleben. Je erfolgreicher sie bei ihrer Arbeit mit der Kamera wurde, desto aggressiver und exzentrischer ging sie ihren erotischen Experimenten nach, bis sich beides schließlich miteinander verflocht. In ihren Worten: »Ein Portrait zu machen, ist wie jemanden zu verführen.«[60] Gefahr erregte Diane Arbus, doch sie litt immer häufiger unter Anfällen von Hilflosigkeit und Hoffnungslosigkeit.

Wenn die Kritik ihr Werk nicht als Horror-Show abqualifizierte, priesen viele Kritiker es wegen seiner außergewöhnlichen Wirkung auf einem Gebiet, das bisher von Männern beherrscht gewesen war. Norman Mailer sagte: »Diane Arbus eine Kamera zu geben ist nicht anders, als gäbe man einem Baby eine Handgranate.«[61] Schließlich öffnete sie eine Tür zuviel, und zum Vorschein kam ein Aspekt ihres Wesens, der ihr so entsetzlich erschien, daß sie sich umbrachte.

Ist mein Patient ein Künstler, empfinde ich die Biographien von Georgia O'Keeffe und Diane Arbus manchmal als nützliche Extreme, um die Verflechtung von Persönlichkeit und Laufbahn aufzuzeigen. Ein äußerst intellektueller junger Maler, der sich viel zu sehr unter Kontrolle hatte, und den ich Jean nennen will, suchte mich auf, weil er sich wie gelähmt fühlte und nicht mehr malen konnte. Er war bereits vor einigen Jahren in einer anderen Stadt in psychotherapeutischer Behandlung gewesen. Er erklärte, der Therapeut habe ihn befreit von »zeitweiligen tiefen Depressionen, einer Folge von Konflikten aufgrund der Unmöglichkeit, Zorn auszudrücken, der aus der Kindheit stammte«.

Jean fragte sich, ob das derzeitige Symptom, das er als »künstlerische Blockade« bezeichnete, eine weitere Reaktion auf die verständnislosen Eltern sei, unter denen er als Kind gelitten hatte. Er schilderte seine Mutter als so aufdringlich, daß er ihr am liebsten gesagt hätte, sie solle ihn in Ruhe lassen. Jean klagte, sein Vater sei emotional zwar distanziert gewesen, habe aber oft das Selbstvertrauen des Sohnes untergraben.

Seine augenblicklichen Symptome beschrieb Jean so: »Ich studiere seit Jahren Malerei, aber es ist mir nie gelungen, einen Stil zu finden, den ich als eigenen bezeichnen könnte. Wann immer ich ein Stilleben oder ein Portrait male oder Skizzen dazu anfertige, sieht es am Ende aus, als hätte es ein anderer gemacht. Ich habe es aufgegeben, gegenständlich zu malen, um herauszufinden, was ich im Kubismus, Surrealismus und abstraktem Expressionismus leisten könnte. Heute bringe ich etwas handwerklich Adäquates zustande, aber meine Bilder sehen alle wie Beispiele einer bestimmten Periode aus und nicht wie das Werk des Malers, der ich nach meiner Überzeugung eines Tages sein kann.«

Jean berichtete, wie er aus Verzweiflung das Malen

aufgegeben und Kunstgeschichte studiert hatte. Seit einiger Zeit beschäftigte er sich mit dem »philosophischen Kontext der Kunst«. Er hatte die Rolle des Künstlers in der Gesellschaft begriffen, den Platz der Kunst als Ereignis in der Erfahrung des Publikums und die gegenseitige Verbindung von Kunst und Leben. »Das weiß ich alles, aber«, so klagte er, »ich kann nicht zum Pinsel greifen, ohne von der Vorstellung eingeschüchtert zu werden, daß es unmöglich ist, die ästhetische Perfektion einer leeren Leinwand zu steigern.«

Ich erwiderte verständnisvoll: »Sie sehnen sich danach, Ihre eigene Vorstellung sichtbar werden zu lassen, aber Ihre Sachen sehen immer aus wie das Werk eines anderen, in einer anderen Zeit und an einem anderen Ort gemalt.« Jean begann, aufgeregt davon zu sprechen, daß er immer das Gefühl gehabt hatte, nicht zu wissen, wer er wirklich war. Er hoffte, daß sein wahres Ich eines Tages durch die Malerei zum Vorschein kommen werde.

Als er von dieser Sehnsucht berichtete, wurde Jean sehr angespannt und wechselte plötzlich das Thema. Er habe noch andere Schwierigkeiten, er sei nicht nur ein »gescheiterter Maler«. Er beschrieb seine enttäuschenden Versuche, eine dauerhafte Beziehung mit einer Frau einzugehen.

Ich sagte: »Wenn Sie davon sprechen, Ihr wahres Ich zu enthüllen, werden Sie ängstlich und beschreiben statt dessen ihre gescheiterten Beziehungen zu

Frauen. Sie wollen das Thema wechseln, aber die beiden Probleme hängen zusammen.« Jean wurde rot und rutschte unruhig auf dem Stuhl hin und her. Er öffnete und schloß mehrmals den Mund, als wolle er sprechen. Dann entschied er sich anders, räusperte sich und rang nach Luft.

Ich sagte leise: »Sie ringen darum zu entscheiden, ob Sie mir etwas Unaussprechliches über sich sagen sollen oder nicht. Es steckt Ihnen in der Kehle. Sie können es nicht richtig ausspucken, aber hinunterschlucken können Sie es auch nicht. Wenn Sie bereit sind, werden Sie mir sagen, was ich wissen soll.«

Es dauerte mehrere Sitzungen, bis Jean mir das Geheimnis anvertraute, das er während seiner früheren Therapie für sich behalten hatte – die Gewißheit, daß er homosexuell war. Er beschrieb mir auch ein paar Skizzen und Bilder, von denen er mir vorher nichts hatte sagen können – »schwule Pornographie«, wie er es nannte.

Ein paar Sitzungen später erzählte Jean seinen Traum von der Metamorphose. »Im Traum drangen hinter einer geschlossenen Schranktür merkwürdige Laute hervor, und da war die Silhouette einer Frau, die stumm und bewegungslos dastand, als warte sie darauf, daß etwas geschah. Sie hatte nichts getan, aber ich schrie sie an, sie solle verschwinden. Die Frau bewegte sich nicht, und die Laute aus dem Schrank stammten von einem Kind, das ›Dada‹ sagte. Ich versuchte, beide zu ignorieren – als beschäftigten mich wichtigere Dinge.«

Er lieferte eine Lehrbuch-Interpretation des Traums: Es handelte sich um einen weiteren Beweis dafür, daß seine unglückliche Kindheit ihn unfähig gemacht hatte, eine Beziehung mit einer Frau aufzunehmen oder ein Kind zu zeugen. Ich riet Jean, sich der Traumgestalt mit der gleichen Bescheidenheit zu nähern, die er vermutlich im Umgang mit seiner Muse aufbrachte – als könne sie ihn vielleicht etwas lehren, was er noch nicht wußte.

Ich wies darauf hin, daß man die Frau im Traum, die er loswerden wollte, als seinen weiblichen Aspekt betrachten könne – nicht seine Homosexualität, sondern seine Kreativität. Mit Hilfe entsprechender Vorstellungsbilder forderte ich Jean auf, die dunkle Traumfrau nicht zu vertreiben, sondern zu fragen, worauf sie warte. Als er das versuchte, stellte er erstaunt fest, daß die Frau keineswegs zudringlich wie seine Mutter war, sondern sagte, sie sei bereit, alle ihre Geheimnisse, die hilfreich für ihn sein könnten, mit ihm zu teilen. Jean mußte nicht nur seine Homosexualität aus dem Dunkel hervorholen, sondern auch die höhere Macht in sich.

Danach interpretierte ich das kleine Kind als einen weiteren Aspekt Jeans – sein künftiges Wachstum, das danach rief, daß er es zur Kenntnis nahm und ihm Aufmerksamkeit schenkte. Als ich darauf hinwies, daß sich das »Dada« auch als verhüllten Hinweis auf den rebellischen künstlerischen Dadaismus betrachten ließ, gab Jean sofort zu, daß ihn diese schwer faßbare, widersprüchliche antikünstlerische Bewegung, die den Surrealismus hervorgebracht hatte, faszinierte.

Die unablässige, aus tiefster Überzeugung heraus geführte Attacke des Dadaismus gegen die von einem tyrannischen kulturellen System aufgezwungenen Normen war ein Schrei nach kreativer Freiheit. Dadas bleibende Botschaft war: »Alles geht!«[62] Einige unkonventionelle, originelle Künstler entdeckten das Wort »*dada*« zufällig in einem französischen Wörterbuch. Es ist ein kurzes, suggestives Wort für ein Holzpferdchen, sinnloses, komisches Babygeplapper, und es eignete sich hervorragend für ihren Plan, ernsthafte Menschen zum Narren zu halten, besonders dann, wenn die Dadaisten das Wort benutzten, ohne damit etwas Bestimmtes zu bezeichnen.

Der Dadaismus protestierte gegen die konventionelle und offizielle Kunst, indem er absurde Parodien hervorbrachte – ein Urinal mit dem Titel *The Fountain* (Der Springbrunnen) oder einen Flaschentrockner, der durch die Signatur eines Künstlers den Status einer Skulptur erhielt. Beide Parodien sollten ironisch und respektlos demonstrieren, daß jede Ausdrucksform potentiell künstlerisch ist. Dada war »gegen vergangene Kunst, nicht weil sie Kunst war, sondern weil sie vergangen war«.[63]

Der satirische Ikonoklasmus des Dada brachte die

Ansprüche konventioneller Autoritäten an die Kreativität der Künstler zu Fall und behauptete, »wahre Dadaisten sind gegen Dada, und jeder ist ein Führer des Dadaismus«.[64] Lachend sprachen Jean und ich lange über die Notwendigkeit einer unaufhörlichen künstlerischen Revolution und über Dadas Ironie der Indifferenz.

Jean erlebte sein *coming out* und stand zu seinem Schwulsein. Nachdem er die Homosexualität als eine lebenswerte Form des Lebens akzeptiert hatte, wichen seine »schwulen pornographischen Comics« weicheren Skizzen von Männern, die zärtlich zueinander waren – Männer, die sich liebten.

Das war nur der Beginn seiner Verwandlung. Als Jean gelernt hatte, seine Eigenarten zu respektieren, erweiterte sich Jeans künstlerische Arbeit, und es entstand eine Reihe thematisch weit gespannter Bilder *in seinem eigenen Stil.* Er hatte eine kreative Ausdrucksform gefunden, die weder homosexuell noch heterosexuell war – eine persönliche Sicht, die schlicht menschlich wirkte.

Wenn wir kreativ sein wollen, müssen wir lernen, weniger darauf zu achten, wie wir auf andere wirken, als auf unsere Gefühle bei dem, was wir tun. Ein Kunstwerk ist für das Publikum nur ein öffentliches Ereignis, für den Künstler ist es eine persönliche Erfahrung. Doch *nicht das Ergebnis zählt, sondern das, was wir einbringen.* Die Belohnungen für unsere Arbeit entspringen den persönlichen Anstrengungen, die wir hineinlegen. Öffentliche Anerkennung ist nur ein Gewinn am Rande.

Man erzählt die Geschichte von einem Lehrer und seinen Schülern, die einem Seiltänzer zusahen. Der Lehrer war so sehr in den Anblick versunken, daß sie ihn fragten, was seine Augen an die törichte Schaustellung banne. »Dieser Mann«, erwiderte er, »setzt sein Leben aufs Spiel, ich könnte nicht sagen weswegen. Gewiß aber kann er, während er auf dem Seil geht, nicht daran denken, daß er mit seiner Handlung hundert Gulden verdient; denn sowie er dies dächte, würde er abstürzen.«[65]

## 8

## *Bescheidenheit hilft uns, unseren Weg zu finden*

Es lebte einmal ein frommer Mann, dessen Gehilfe ihm unermüdlich diente. Der Meister behielt ihn bei sich, weil er so fleißig war. Ansonsten fand er seinen Schüler ziemlich dumm.

Eines Tages verbreitete sich in der Gegend das Gerücht, der Gehilfe sei auf dem Wasser gelaufen und habe den Fluß mühelos wie eine Straße überquert. Der Meister erkundigte sich bei dem Schüler nach dieser wunderbaren Leistung: »Ist es wahr, was die Leute über dich erzählen? Kannst du wirklich auf dem Wasser über den Fluß gehen?«

»Was könnte natürlicher sein?« erwiderte der Schüler. »Ich habe es dir zu verdanken, heiliger Mann, daß ich auf dem Wasser gegangen bin. Ich habe bei jedem Schritt deinen gesegneten Namen wiederholt, und das hat mich gehalten.«

Der fromme Mann dachte bei sich: »Wenn der niedere Schüler auf dem Wasser gehen kann, was kann da erst der Meister tun? Wenn sich das Wunder in meinem Namen ereignet, muß ich eine Macht besitzen, von der ich nichts ahnte, und eine Heiligkeit, die mir nicht bewußt war. Schließlich habe ich nie versucht, über den Fluß zu gehen wie über eine Straße.«

Der Meister eilte zum Ufer. Ohne zu zögern, setzte er seinen Fuß auf das Wasser und rief voll unerschütterlichem Glauben: »Ich, ich, ich.« Und er ging unter.[66]

Die Geschichte dient als Warnung. Wenn wir unser Leben einer Sache verschreiben, müssen wir vorsichtig sein, damit wir den Glauben an unser aufgeblähtes Ego nicht fälschlich für den Glauben an altruistische Ziele halten. Malcolm X[67] und Abbie Hoffmann[68], beides faszinierende Persönlichkeiten, standen an einem Kreuzweg, der es ihnen ermöglichte, charismatische Führer zu werden.

Der eine wählte einen religiösen Weg, der ihn in eine Position katapultierte, in der er sich dem Ziel verschrieb, seinen unterdrückten Brüdern und Schwestern ihre Selbstachtung wiederzugeben. Er war bereit, sein Leben zu riskieren, um unbedingt notwendige soziale Veränderungen in Gang zu setzen. Der andere nahm sich vor, eine Generation ruheloser Jugendlicher zu befreien, und leistete einen wichtigen Beitrag zu einer kurzen Phase der Gegenkultur; heute spricht man nostalgisch von der Generation der sechziger Jahre. Er wurde zur politischen Kultfigur, floh schließlich in den Untergrund, um nicht ins Gefängnis zu müssen, und nahm sich mit einer Überdosis Drogen das Leben.

Malcolms Identität wandelte sich im Gefängnis.

Aus einem verurteilten Gefangenen wurde ein *Black Muslim*. Ihn faszinierte die Lehre von Elijah Muhammad, dem Führer der *Lost-Found Nation of Islam*, dessen Interpretation des Koran die Lage der unterdrückten schwarzen Amerikaner spiegelte. Diese Lehre führte zu Malcolms Erkenntnis, daß ihm eine echte Alternative zu seinem kritischen Dilemma offenstand – die Entscheidung, ein Verbrecher zu werden oder unterdrückt zu leben.

Elijah Muhammad lehrte, daß der weiße Mann ein Teufel ist, der seine Macht dazu benutzt, dunkelhäutige Menschen zu unterdrücken und auszubeuten. Er sagte seinen Anhängern, Allah wolle, daß sie die großartige schwarze Zivilisation wiederherstellten, die vor der Versklavung bestanden hatte.

Gemäß dieser Lehre verurteilte Malcolm X die Weißen öffentlich für alles, dessen die Schwarzen sie bislang nur im stillen beschuldigt hatten. Weiße hatten seinen Vater ermordet, als er noch ein kleiner Junge gewesen war. Der erwachsene Malcolm stand vor weißen Zuhörern und sagte: »Ihr Vater ist nicht hier, um seine Schulden zu bezahlen. Mein Vater ist nicht hier, um sie einzufordern. Aber ich bin hier, um sie einzufordern, und Sie sind hier, um sie zu bezahlen.«[69]

In der Bürgerrechtsbewegung erreichten Martin Luther King, Jr. und Malcolm X »den Kreuzweg aus entgegengesetzten Richtungen – der eine kam aus dem Priesterseminar, der andere aus dem Gefängnis. Sie standen im nationalen Bewußtsein an gegensätzlichen Polen – Christ und Muslim, Idealist und Zyniker, Pazifist und Kämpfer; der eine war hautfarbenblind, der andere hautfarben-bewußt.«[70] Martin Luther King rief zu Integration durch Gewaltlosigkeit auf, während Malcolm X seine Anhänger mit dem Separatismus und mit der Macht des aktiven Kampfs Schwarzer gegen Weiße begeisterte. Die beiden verbanden sich niemals formell, doch zusammen waren sie ein inspirierendes schwarzes Führungsteam.

Anders als Malcolm X wuchs Abbie Hoffman in einer Familie auf, die nicht von einer grausamen Gesellschaft unterdrückt worden war. Er wurde von der High School verwiesen, nachdem er einen Lehrer angegriffen hatte, der einen Aufsatz zerriß, in dem Abbie den Atheismus bejahte. Er machte seinen Abschluß an einer anderen Schule, besuchte das College, legte das Examen ab und schrieb eine Magisterarbeit in Psychologie. Er arbeitete drei Jahre in einer staatlichen psychiatrischen Klinik, gab die Arbeit jedoch auf, weil er es leid war zu versuchen, jeweils nur einem Menschen zu helfen. Er war überzeugt, daß die zu lösenden Probleme nicht in den Köpfen der Patienten lagen, sondern in der Gesellschaft, die sie verwirrt hatte.

Er unterstützte eine Kampagne des Komitees für eine vernünftige Nuklearpolitik und organisierte danach eine Kampagne der American Civil Liberties Union gegen den Ausschuß für unamerikanische Umtriebe (HUAC). Eine Zeitlang arbeitete er als Vertreter für ein Pharmazieunternehmen; das bot ihm die Möglichkeit, sich neben seiner Arbeit in der Bürgerrechtsbewegung im Süden zu engagieren. Das gefiel ihm, denn »nicht nur habe ich die Firma auf traditionelle Weise beklaut, sondern ein rechtes Unternehmen hat ahnungslos einen Aktivisten der Bürgerrechtsbewegung finanziert«.[71]

Er schreibt die Krise, die den Rest seines Lebens formte, der Tatsache zu, daß er Zeuge wurde von »zwei Ereignissen, die eine ganze Generation aufrüttelten«, und die sich im Mai 1960 innerhalb einer Woche ereigneten: eine Demonstration gegen die Todesstrafe[72], an der er teilnahm, und der Protest gegen den Ausschuß für unamerikanische Umtriebe am »blutigen Freitag«.[73] Die Polizei hatte die Teilnehmer an diesem Protest brutal zusammengeschlagen; dadurch wurde Abbies wilde Auflehnung gegen jede Autorität für den Rest seines Lebens zum Dreh- und Angelpunkt.

Gemeinsam mit Jerry Rubin organisierte er die Yippies (Youth International Party), eine respektlose Jugendbewegung der Gegenkultur, die versuchte, den Lauf der Geschichte dadurch zu verändern, daß ihre Anhänger Blumen in Gewehrläufe der Truppen steckten und dazu aufriefen zu verhindern, daß das Pentagon »freischwebend in der Luft hing«; sie warfen von der Galerie der New Yorker Börse Dollarscheine in den Saal und verursachten unter den Börsenmaklern ein heilloses Durcheinander, und sie veranstalteten einen Gegenparteitag.[74]

Abbie bezahlte dafür. Er wurde von den Behörden ständig belästigt, verprügelt, festgenommen und als Führer der Anti-Vietnambewegung ins Gefängnis gesperrt. Er glaubte, LSD öffne den Blick über die destruktive Propaganda des Establishments hinaus. Schließlich wurde er festgenommen – zunächst wegen Besitzes und dann wegen Verkaufs von Kokain. Er tauchte unter und organisierte unter einem neuen Namen weiterhin Aktionen zum Schutz der Umwelt. Aber mit dreiundfünfzig beging er Selbstmord, möglicherweise, weil seine »Revolution um jeden Preis« gescheitert war.

Malcolm X hatte sich zum Ziel gesetzt, die destruktiven Auswirkungen der Rassenvorurteile zu beheben, indem er es einer verzweifelnden Minderheit ermöglichte, das Recht auf Eigenverantwortung für ihre Zukunft geltend zu machen. Seine Führung unterstützte die Transformation von Selbsthaß in Gruppenstolz und die Verwandlung von Ghettos, die von Kriminalität beherrscht wurden, in eigenverantwortliche Gemeinschaften gesetzestreuer *Black Muslims*, die weder Alkohol noch Drogen konsumierten und keine Diebstähle begingen.

Abbie Hoffman verschrieb sich ebenfalls einem Ziel, aber er verwechselte, wer er war, mit dem, woran er glaubte. Eine Aussage in seiner Autobiographie macht die Infizierung der Prinzipien mit seinem Ego am deutlichsten: »Es gibt absolut kein größeres *high*, als wenn man als ein Niemand die Machtstrukturen herausfordert, dies mit all seinen Kräften tut und gewinnt.«[75]

Ich behandelte einmal einen Mann, den ich Carlos nennen will. Auch er widmete sich der Aufgabe, das Los unterdrückter Menschen zu bessern. Carlos wurde niemals destruktiv, doch seine Bemühungen waren gelegentlich fehlgeleitet. Er war als jüngstes Kind in einer großen Familie aufgewachsen, und seine Geschwister waren alle sehr erfolgreich. Carlos hatte sich sein ganzes Leben nach einem bedeutenden Platz in der Welt gesehnt.

Mein Patient hatte gewisse Erfolge als Student und später als Lehrer für politische Wissenschaft. Er liebte seine Frau und seine Kinder, doch er fühlte sich immer noch irgendwie unruhig und war unzufrieden mit sich.

Eine frühere Therapie hatte seine Selbstachtung gesteigert und ihn so selbstsicher gemacht, daß er politischer Aktivist werden konnte. Schließlich gewann er Anerkennung und Respekt in der Neuen Linken – als Teilnehmer an den Märschen der Bürgerrechtsbewegung im »Freiheits-Sommer« und als Organisator in der Anti-Vietnambewegung.

Zu der Zeit, als Carlos zu mir kam, machten ihn seine politischen Aktivitäten glücklich, aber gleichzeitig war er niedergeschlagen, weil seine Ehe zerbrach. Seine Karriere ließ ihm so wenig Zeit und Energie für sein Zuhause, daß sich die Familie vernachlässigt fühlte. Seine Frau hatte vor kurzem von seinen Seitensprüngen mit Frauen aus der Bewegung erfahren und gedroht, ihn zu verlassen.

In der Anfangszeit unserer gemeinsamen Arbeit träumte Carlos einmal, er gehe auf einer ungepflasterten Landstraße. In der Ferne hörte er den Hufschlag von Pferden und sah die Staubwolke, die von einem wilden Haufen bewaffneter Bauern aufgewirbelt wurde. Der Trupp sang ein einfaches, zündendes Lied: »Hier kommen meine Getreuen.«

Carlos blieb stehen und wartete am Straßenrand darauf, daß der Haufen näherkam. Er erwartete, die Männer würden stehenbleiben, und konnte nicht verstehen, daß sie an ihm vorbeimarschierten, ohne ihn als ihren Führer zu begrüßen. Verblüfft stellte er fest, daß der Trupp von einer Leiche angeführt wurde, die auf dem ersten Pferd festgebunden war.

Die Männer zogen vorüber. Der letzte Reiter drehte sich um und forderte Carlos mit einer Bewegung auf, sich ihnen anzuschließen. Als der Traum endete, stand Carlos immer noch am Straßenrand und versuchte zu entscheiden, was er tun solle.

Carlos deutete den Traum als Ausdruck seines lebenslangen Gefühls, als jüngstes Kind in der Familie immer als letzter zu kommen. Ich riet ihm, sich vorzustellen, der Traum sage weniger etwas über seine Vergangenheit aus als über seine Gegenwart und vielleicht auch über seine Zukunft.

Ich fragte Carlos, ob er die Legende von El Cid kenne. Der Name war ihm zwar bekannt, aber er konnte nichts damit anfangen. Ich erzählte ihm die Geschichte eines Spaniers aus dem Mittelalter, der sein aufgeblähtes Ego so sehr mit der Sache, für die er kämpfte, verwechselte, daß er überzeugt war, seine Leute könnten unmöglich siegen, wenn er sie nicht anführte.

Nach einer Reihe von Kämpfen wurde El Cid verwundet. Auf dem Totenbett befahl er seinen engsten Getreuen, am nächsten Morgen seine Leiche auf seinem Pferd festzubinden. Seine letzten Worte waren: »Die Männer werden nicht weitermachen können, wenn sie nicht sehen, daß ich sie immer noch anführe. Ich bin ihre Seele.«

Carlos konnte El Cids Arroganz erkennen, seine eigene jedoch nicht. Er beharrte darauf, daß die Menschen sich nicht aus der Unterdrückung befreien können, solange sie ihre Sache nicht in einem charismatischen Führer verkörpert sehen. Ich stimmte ihm zu, daß das manchmal so sein kann, aber ich wies darauf hin, daß es eine Sache ist, wenn die Anhänger ihren Führer als Gott betrachten, aber eine andere, wenn der Führer den gleichen Fehler begeht.

Zunächst fiel es Carlos schwer, seine übertriebene Vorstellung von seiner Bedeutung für die Bewegung aufzugeben. Aber als seine Selbstüberschätzung schwand, konnte er sich wieder darüber freuen, daß er sich einer Sache verschrieben hatte, die von größerer Bedeutung war als sein idealisiertes Bild von sich selbst. Er begriff allmählich auch, daß die Frauen, die er so unpersönlich benutzt hatte, ebenso gleichgültig ihn ausnutzten, und daß er darüber beinahe die Familie verloren hätte, die die Seele seines privaten Lebens war. Carlos begriff scheinbar zum ersten Mal: Wenn er die Menschen, die ihm am meisten bedeuteten, nicht liebevoll behandeln konnte, bedeutete sein Engagement für die Menschheit wenig.

Wenn wir feststellen, daß unserem Leben der Sinn fehlt, können wir diese Krise überwinden, indem wir uns einer verdienstvollen Sache verschreiben, die der Gemeinschaft zugute kommt. Ein religiöser Führer, der es als seine Mission ansah, die Gemeinschaft zu reformieren, sagte einmal, in seiner Jugend sei er so von Gottesliebe entflammt gewesen, daß er geglaubt habe, er werde die ganze Welt bekehren. Nach kurzer Zeit kam er zu dem Schluß, es sei eine große Leistung, wenn er nur die Menschen in seiner Stadt bekehrte. Selbst bei dieser bescheideneren Aufgabe hatte er keinen Erfolg.

Als er erkannte, daß er immer noch zu ehrgeizig war, konzentrierte er sich auf die Menschen in seinem Haushalt. Aber es glückte ihm auch nicht, sie zu bekehren. Am Ende ging dem selbsternannten Retter der Menschheit auf, daß er hauptsächlich an sich selbst arbeiten müsse. Wenn es ihm nicht gelang, andere zu bekehren, konnte er zumindest Gott aufrichtig dienen. Kurz vor seinem Tode mußte er zugeben, daß ihm selbst das nicht völlig gelungen war.[76]

## 9
## *Die Öffnung des Herzens*

Ein frommer Mann machte sich einmal auf den Weg in die geistige Zurückgezogenheit, und er lud einige seiner Anhänger ein, den Wagen mit ihm zu teilen. Sie zögerten, die Einladung anzunehmen, weil sie fürchteten, ihn zu belästigen. Als er von ihrem Zögern erfuhr, versicherte er ihnen: »Wenn wir einander mehr lieben, wird Platz für alle sein.«[77]

Die geistige Suche beginnt mit uns selbst, aber sie endet nicht mit unserem Selbst. Wir müssen lernen, uns voll und ganz zu verstehen, ohne uns *nur* mit uns selbst zu beschäftigen.

In der ersten Hälfte seines Lebens trank Thomas Merton viel, besuchte gern Partys und liebte viele Frauen. In der zweiten Hälfte seines Lebens war er ein Trappistenmönch, den sozialen Themen beschäftigten und der half, den Buddhismus in den Westen zu bringen.

Bhagwan Shree Rajneesh[78] war ein charismatischer indischer Führer. Er mißbrauchte die Macht seiner religiösen Führerschaft, in dem er regelmäßig Orgien veranstaltete, seinen Anhängern das Geld aus der Tasche zog und am Ende mehr Rolls Royce' besaß als irgendjemand sonst auf der Welt. Das Leben beider Männer wandelte sich in einer Zeit der spirituellen Krise. Aber der eine öffnete die Seelen, die er berührte, für ein vorurteilsfreies Zusammenfließen heiliger und weltlicher Themen, während der andere seine Anhänger finanziell und emotional ausbeutete.

Das Leben von Thomas Merton veränderte sich erst, als er bereits lange erwachsen war. Aber nachdem er seine geistige Aufgabe gefunden hatte, betrachtete er es als eine nie endende Suche, denn »die Spannung des menschlichen Lebens liegt zwischen Suchen und Finden«.[79]

Merton ging auf Partys, um sich zu zerstreuen, doch hinterher fühlte er sich leer und ruhelos. Sein anderes großes Interesse galt dem Schreiben, aber nachdem er Dante[80] gelesen hatte, erkannte er, daß sein durch die fehlende Anerkennung als Autor verletzter Stolz ihn daran hinderte, all das anzunehmen, was Gott ihm anbot. Er drückte das so aus: »Die Erkenntnis des eigenen Unglücklichseins allein ist keine Rettung: Sie mag Anlaß der Rettung sein, sie mag aber auch das Tor zu einem tieferen Abgrund der Hölle sein«[81] – aus diesem Abgrund versuchte er, sich zu befreien.

Eitelkeit hatte Mertons Leben verpfuscht, und das wußte er. Wenn er es nicht in Ordnung brachte, würde er nie einen Weg aus dem Elend finden. Zu dieser Zeit verliebte er sich in eine Frau, die ihn mit der Gleichgültigkeit behandelte, mit der er Frauen behandelt hatte, die ihn liebten. Zum ersten Mal als erwachsener Mensch empfand Merton eine Angst, von der ihn seine üblichen Unterhaltungen nicht ablenken konnten.

Paradoxerweise suchte er in dieser neuen Krise Liebe bei Christus. Auf einmal wurde ihm klar, daß er mitten im Überfluß gehungert hatte. Sein neuentdeckter Hunger war so groß, daß er gierig Bücher über christliche und östliche Mystik verschlang.

Während er sich in die Mystik versenkte, begann er, sich »aus dem Kampf um Geld und Ruhm und vom aktiven und weltlichen Leben voller Konflikte und Konkurrenzdenken zurückzuziehen«[82] und sich dem spirituellen Leben in Frieden und Losgelöstsein zuzuwenden. Die katholische Kirche zog ihn an, aber er traf eine Entscheidung nach der anderen, die er wieder korrigierte: Zuerst glaubte er, er müsse nur konvertieren; danach wollte er studieren um Priester zu werden, trat dann aber in ein Franziskanerkloster ein und fühlte sich schließlich zum Trappistenmönch berufen. Merton sah in einem Leben als Trappistenmönch die beste Chance, sich vor seinem ungeheuren Ego zu retten. Es ist eine Ironie, daß er freiwillig seine Identität als Schriftsteller aufgab, und dann von seinen Ordens-Oberen den Auftrag erhielt zu schreiben. Er sollte ein Leben in Zurückgezogenheit führen und dabei im Dienst einer höheren Macht die Gemeinschaft belehren.

Gott hatte Merton an seine Grenze geführt: Er verlangte von ihm, sein exzessives gesellschaftliches Leben aufzugeben und ein Schweigegelübde abzulegen. Nachdem der junge Mönch sich dem unterworfen und all das aufgegeben hatte, was er zu sein glaubte, wurde er an den Ausgangspunkt zurückgeschickt – er wurde verwandelt, da er seine Eigenarten auf eine neue Weise respektierte, und nach Hause zurückgeschickt.

*Die spirituelle Reise ist nie zu Ende.* Merton schließt seine Autobiographie mit den Worten: »SIT FINIS LIBRI, NON FINIS QUAERENI«[83] (Dies sei das Ende des Buches, nicht des Suchens).

Die Verwandlung von Baghwan Shree Rajneesh ist eine ganz andere Geschichte. Er hatte jahrelang den Kommunismus als Weg gesehen, anderen zu helfen. Nachdem das seiner Suche nach dem Sinn des Lebens nicht mehr zu genügen schien, vertiefte er sich in geistige Studien und gab die Sorge um das ökonomische Wohl der Welt auf. Sein einsames Streben nach dem spirituellen Leben erwuchs aus einer emotionalen Krise, die charakterisiert war von der Weigerung zu essen, dem Auftauchen mysteriöser psychosomatischer Symptome und einem Selbstmordversuch. Nachdem er jedoch das Gefühl hatte, Erleuchtung erlangt zu haben, erklärte er, es gebe zu jeder Zeit nur einen aufgeklärten Meister auf der Welt, und in der Gegenwart sei er das.[84]

Er eröffnete in Indien ein Center in der Art von

Esalen und wurde als »Sex-Guru« bekannt. Schließlich kam er mit seinen Anhängern und seinem Ruhm in die Vereinigten Staaten. Am Anfang seines Wegs lebte er im Zölibat, und er endete als Lüstling. Er begann als selbsternannter Heiliger, der Seelen retten wollte, und wurde zum bösen Geist, der Drogenhandel und Prostitution propagierte.

Eine Lyrikerin, die ich Anne nennen will, suchte mich in einer geistigen Krise auf. Sie war schon früher in therapeutischer Behandlung gewesen, und diese partielle Heilung hatte sie, wie sie hoffte, vom Opfer eines Inzests in die »Überlebende eines Inzests« verwandelt.

Die wesentlichste Schädigung, unter der Inzestopfer leiden, ist das Gefühl des Betrogenseins, das Kinder haben, wenn sie von den Eltern, die sie liebten und von denen sie abhängig waren, sexuell belästigt worden sind. Annes Versuche, mit diesem Schaden fertigzuwerden, hatten lange Zeit im Grunde nur dazu geführt, daß sie verwirrt durch eine Welt voller Bedrohungen irrte, und dabei nach jeder Form der Sucht griff, die ihren Schmerz betäubte.

Anne wußte nicht genau, wer sie war; sie wußte nur, welche Schmerzen sie litt. Und sie lebte jahrelang in der Betäubung durch Alkohol, Drogen und physisch gefährliche, unpersönliche und erniedrigende Disziplinierung und Fesselung durch Fremde, die willens waren, sie sexuell zu benutzen – so wie Anne sie benutzte.

Es war kein besonders erfreuliches Leben, doch es gab Anne die perverse Illusion von Kontrolle, die sie brauchte, um das panische Gefühl von Hilflosigkeit und Verzweiflung zu vertreiben, unter dem sie sonst litt. Die frühere Therapie hatte bewirkt, daß sie dieses zwanghafte Agieren aufgab. Danach wandte sie sich in der Hoffnung, den inneren Frieden zu finden, nach dem sie sich immer gesehnt hatte, der Religion zu.

Anne kam zu mir und klagte, sie sei spirituell nicht rein genug, um ihrem Vater zu vergeben. Es war ihr nie in den Sinn gekommen, daß sie statt dessen vielleicht sich selbst vergeben müsse. Sie lachte zwar erleichtert, als ich ihr sagte, ich hätte noch nie im Leben ein absolut reines Motiv gehabt, aber sie kam immer noch nicht auf den Gedanken, sie könne sich so akzeptieren, *wie sie war.*

Sie hoffte, Spiritualität werde ihrer Persönlichkeit etwas hinzufügen. Ich glaubte, der Weg nach innen werde ihr ermöglichen festzustellen, daß ihr nichts Menschliches fremd war, und daß alles an ihr vielleicht von Wert sein könne.

Anne erzählte einen Verwandlungstraum: Sie stand am Rand eines klaren reinen Teichs und wollte hineintauchen, damit Gott sie erlösen würde. Aber jedesmal, wenn sie in den Teich ging, wirbelte sie den Schlamm auf dem Boden auf, trübte das Wasser und sprang erschrocken wieder ans Ufer.

Nach Annes Interpretation bedeutete der Traum, sie sei immer noch so unrein, daß sie alles beschmutzte, was sie berührte. Ich riet ihr, sich vorzustellen, sie gehe in den Teich zurück, empfinde, was immer sie empfinden mußte, wenn sie den Schmutz aufwühlte, und warte geduldig ab, was als nächstes geschehen werde. Erleichtert stellte sie fest, daß der Schlamm sich nach einiger Zeit wieder auf dem Boden absetzte. Beim Hinuntersinken schufen die Partikel reizvolle, verschlungene Muster in dem vorher glasklaren Wasser.

Ich erzählte Anne von einer Mystikerin, der Heiligen Teresa von Avila.

In einer Zeit, in der die wachsame und grausame spanische Inquisition bemüht war, jedes Zeichen von Spontaneität unter den Christen aufzuspüren und zu vernichten, setzte diese Nonne aus dem sechzehnten Jahrhundert geistig befreiende Reformen durch. Teresa riskierte, wegen Häresie zum Tode verurteilt zu werden, und ersetzte mutig den Weg der Gefahr durch den Weg der Liebe; sie machte aus der traditionellen Form der Gottesverehrung, dem unpersönlichen, dogmatischen Ritual, das persönliche Gebet der inneren Zwiesprache mit Gott. An dem Ort, an dem sie der höheren Macht in sich begegnete, entdeckte Teresa die Verzückung »einer ehrlichen Erkenntnis, wieviel alle Formen der Liebe gemeinsam haben«.[85]

Ich erzählte Anne meine Lieblingsgeschichte über die heilige Teresa. Sie demonstriert die rückhaltlose Aufrichtigkeit, mit der sie ohne Bitterkeit über sich selbst lachte und gleichzeitig hartnäckig an ihrer persönlichen Identität als Teil ihres religiösen Lebens festhielt.

Teresa verließ jeden Morgen das Kloster, um mit ihrem Maultier durch die Wälder zu reiten. Als sie im Morgengrauen eines besonders kalten Wintertages einen Bach überquerte, bockte das Maultier und warf die kräftige Nonne in das eisige Wasser. Teresa saß auf ihrem kalten nassen Hintern, blickte zum Himmel hinauf und sagte in einer seltsamen Mischung aus Verärgerung und Belustigung: »Lieber Gott, wenn du so deine Freunde behandelst, ist es kein Wunder, daß du so wenige hast.«

Anne lachte zuerst, aber dann weinte sie. Schließlich begann sie zu begreifen, daß sie von sich eine übermenschliche Reinheit forderte. Wir sprachen über die *Unterschiede zwischen den Wegen des Geistes und den Wegen der Seele.*

Wir sind traditionell gelehrt worden, zwischen den äußeren Realitäten zu unterscheiden – Dingen, die mit unserem Körper geschehen – und den inneren Zuständen unseres Geistes, der sich angeblich über diese Ereignisse der physischen Welt erhebt. Die Seele ist ein nicht ganz eindeutiges Gebiet dazwischen – weder ausschließlich materiell, noch ausschließlich abstrakt –, ein innerer Ort der Imagination, der beide Extreme verbindet, indem er »Ereignisse zu Erfahrungen vertieft«.[86] Der Geist wird üblicherweise so verstanden, daß er uns hinaufträgt an einen höheren Ort, wo wir alles in einem heiligen Licht sehen.

Der Geist übersteigt unsere weltlichen Erfahrungen, während die Seele alles, was menschlich ist, in alles Heilige verwandelt. Die Seele ist der dunkle, erdige Boden, in dem wir die höhere Macht in uns kultivieren können. Wir lernen unsere Seelen dadurch kennen, daß wir unsere Träume, Phantasien und Imaginationen erforschen – Territorien, wo nichts verboten ist.

Nachdem Anne den Reichtum ihrer inneren Ambiguität erst einmal akzeptierte, begann sie, sich von ihrer einsamen, asketischen Suche nach dem Heiligen abzuwenden, und suchte den süßen, natürlichen Geschmack weltlicher Freuden, zu denen auch das Profane gehörte. Sie schloß sich einer Gemeinschaft von Malern und Autoren an, die sich gegenseitig unterstützen, und fand dort Liebe und Freundschaft. Allmählich lernte sie, Hilfe anzunehmen und sich zu freuen, wenn sie anderen helfen konnte.

Von Anfang an faszinierte Anne die scheinbar widersprüchliche Mischung von Gegenständen und Dingen, die meine Praxis schmücken. Sie äußerte sich oft zu dem Treibholz, den Steinen und Muscheln, die ich am Strand gesammelt hatte, und den Bildern und Statuen von Buddha, von Dämonen und Göttern des hinduistischen Pantheons, von chassidischen Rabbis, den christlichen Ikonen, mystischen

Mandalas, tanzenden Schamanen und nackten Männern und Frauen.

Anne kam zu dem Schluß, die bunte Vielfalt heiliger Objekte könne nur bedeuten, daß ich ein Heide sei. Ich bin als Jude aufgewachsen, aber meine Eltern sahen im Judentum eine ethnische Identität, die mehr mit sozialem Auftreten als mit religiöser Frömmigkeit zu tun hatte.

Als Kind sagte ich meinen Eltern, ich wolle Rabbi werden. Sie spotteten über meine Berufung, und ich reagierte darauf schließlich mit jugendlicher Übertreibung, indem ich ein militanter nichtjüdischer Atheist wurde.

Erst als ich Marjorie kennenlernte, die ich nach einiger Zeit heiratete, öffnete ich mein Inneres wieder der religiösen Erfahrung. Ich war ein jüdischer Amerikaner der zweiten Generation aus New York; meinen Eltern war die Unfähigkeit meiner eingewanderten Großeltern, sich zu assimilieren, peinlich. Marjorie kam aus einer holländisch-schottisch-irischen Presbyterianer-Familie aus West Virginia, die stolz darauf war, Nachkommen der ersten weißen Siedler westlich der Allegheny Mountains zu sein.

Als Marjorie wissen wollte, was es für mich bedeutete, Jude zu sein, wurde ich mißtrauisch. Bis dahin war mir diese Frage nur gestellt worden, wenn jemand wollte, daß ich mich einer Norm der jüdischen Subkultur unterwarf, oder weil mich jemand als Mörder Christi zusammenschlagen wollte. Marjorie interessierte sich als erster Mensch nur deshalb für meine religiöse Bindung, weil sie mich liebte und mich besser kennenlernen wollte.

In gewisser Hinsicht hatte meine Patientin Anne recht, wenn sie mich für einen Heiden hielt. Bevor ich meine Frau kennenlernte, hatte ich es mit atheistischem Existentialismus versucht, mit marxistischem Idealismus geflirtet, war in die Immoralität der französischen Symbolisten eingetaucht und hatte mich eine Zeitlang als Neo-Nihilisten betrachtet.

Nachdem ich Marjorie kannte, beschäftigte ich mich eingehend mit den mystischeren Pfaden des Judaismus und des Christentums. Allmählich begannen mich Mythologie im allgemeinen und die Legenden Asiens im besonderen zu faszinieren. Meine Erforschung der östlichen Mythen begann mit dem südindischen Hinduismus. Schließlich begegnete ich Buddha – zuerst unterwegs und dann in mir. Von dort folgte ich dem Weg des Buddhismus und reiste sozusagen nach Norden über den chinesischen Taoismus mit seinen Clownerien zum possenhaften japanischen Zen. Dabei studierte ich alle möglichen Formen der Meditation, versuchte monotone Formeln, die mich in Trance versetzen, und überließ mich den Wahnvisionen primitiver Schamanen.

Wie andere introvertierte Menschen bahnte ich mir auf einer inneren Reise meinen eigenen Weg. Eines meiner Rollenmodelle war Arthur Waley, ein Übersetzer chinesischer und japanischer Literatur. Er hat mehr als jeder andere Gelehrte getan, um westliche Leser »wie verrückt singend in die Berge«[87] seiner Phantasie zu führen. Waley gelangte nie weiter östlich als Istanbul, und der größte Teil seines Werks entstand im Keller des British Museum in London.

Sein Ansatzpunkt war völlig innerlich. Er las ein chinesisches oder japanisches Gedicht im Original immer und immer wieder, bis er es als sein eigenes erlebte. An diesem Punkt legte Waley die Schriftrolle beiseite und schrieb seine »Übersetzung«.

Dank der inneren Freiheit, die ich im Laufe der Jahre durch Meditation gefunden habe, glaube ich an kein Dogma. Aber ich bin bereit, an alles Leidenschaftliche zu glauben, an alles, was meinem Leben mehr Farbe gibt. Ich unterscheide nicht länger zwischen dem Heiligen und dem Profanen im menschlichen Verhalten und strebe nach einer Zeit, in der mir »nichts Menschliches fremd ist«[88], denn jede echte Liebe ist heilig. Ich teile Henry Millers Vorstellung von religiöser Erfahrung und sehe wie er »GOTT IST DIE LIEBE! in drei Meter hohen roten Buchstaben auf der Mauer eines Mietshauses« geschrieben stehen.

Mich fasziniert am inneren Aspekt des Judaismus, der das Alltagsleben heiligt, die Rückkehr an den Ort, von dem ich ausgegangen bin – ich erreiche ihn, als sei es das erste Mal. Es gibt eine rührende chassidische Geschichte, die Heiligkeit im Alltag illustriert: Am Vorabend des Versöhnungstags waren alle Chassidim im Bethaus versammelt und warteten auf den Rabbi. Die Zeit verging, aber er kam nicht.

Eine der Frauen begann, sich Sorgen wegen ihrer kleinen Tochter zu machen, die sie alleingelassen hatte. Sie beschloß, schnell nach Hause zurückzugehen und nach dem Kind zu sehen, um sicher zu sein, daß es nicht aufgewacht war.

Sie lauschte an der Tür, aber alles war ruhig. »Leise drückte sie die Klinke nieder, steckte den Kopf vor, und da stand der Rabbi und hielt ihr Kind im Arm. Auf dem Weg zum Gebetshaus hatte er das Weinen des Kindes gehört und hatte mit ihm gespielt und ihm vorgesungen, bis es einschlief.«[89]

## TEIL III
## *Nach Hause kommen, die ewige Wiederkehr*

Erkenntnis des wahren Ich ist Glück.
*Chuang-tzu*

Der einzige Sieg liegt darin, sich
dem eigenen Selbst zu überlassen.
*Sheldon Kopp*

# 10
## *Wo bist du in deiner Welt?*

Man erzählt die Geschichte von einem jungen Mann, der Eisik hieß. Er war der Sohn von Jekel und verbrachte sein ganzes Leben in Krakau. Jahre tiefster Armut hatten sein Selbstvertrauen auf eine so harte Probe gestellt, daß er glaubte, für ihn sei kein Platz in der Gemeinschaft mehr. Die Lage verschlimmerte sich, aber ganz gleich, wie lange die Krisen dauerten, sie konnten Eisiks Gottvertrauen nicht erschüttern.

Eines Nachts träumte dieser arme junge Mann, Gott habe ihm befohlen, nach Prag zu reisen und unter der Brücke, die zum Königsschloß führte, nach einem Schatz zu suchen. Ohne auf den Spott seiner Nachbarn zu achten, machte Eisik sich auf die lange Reise. Als er in Prag ankam, stellte er jedoch fest, daß an der Brücke Tag und Nacht Wachposten standen.

Er wagte nicht, nach dem Schatz zu graben, wollte aber auch nicht ohne ihn wieder abreisen. Eisik wartete Tag um Tag in der Nähe der Brücke und hoffte auf eine Gelegenheit, seinen Traum Wirklichkeit werden zu lassen.

Der Hauptmann der Wache beobachtete den armen jungen Mann mißtrauisch. Nach einer Woche fragte er ihn, ob er etwas suche oder auf jemanden warte. Eisik erzählte dem Hauptmann von seinem Traum, in dem er angewiesen worden war, so weit zu reisen.

Der Hauptmann lachte und sagte: »Und da bist du armer Kerl mit deinen zerfetzten Sohlen einem Traum zuliebe hergepilgert. Ja, wer den Träumen traut! Da hätte ich mich ja auch auf die Beine machen müssen, als es mir einmal im Traum befahl, nach Krakau zu wandern und in der Stube eines armen Mannes, Eisik, Sohn Jekels sollte er heißen, unterm Ofen nach einem Schatz zu graben. [...]«

Eisik hörte dem Hauptmann zu, der über seinen Traum spottete und kehrte, ohne etwas zu erwidern, nach Krakau zurück. Er grub den Schatz unter seinem Ofen aus und baute damit ein Gebetshaus für die Gemeinde.[90]

Es geht uns besser, wenn wir dem scheinbar irrationalen Rat folgen, den unsere Träume und Phantasien uns geben. Wie Eisik, der dem Traum bis an den Ort folgte, wo er den letzten Hinweis über den vergrabenen Schatz erhielt, müssen wir bereit sein, dem zu trauen, was unser Innerstes uns zu sagen hat. Wenn wir mutig genug sind, ungewöhnliche oder sogar exzentrische Lebensweisen zu erforschen, können wir »Reisen machen, Drachen begegnen und den Schatz unseres wahren Ich entdecken«.[91] *Der Drache, den wir töten müssen, ist nichts als das Ungeheuer unserer alltägli-*

*chen Erwartungen in Hinblick darauf, wie wir leben sollten.*

Wenn wir willens sind, unsere einmaligen und besonderen Entscheidungen auf die Probe zu stellen, müssen wir die tröstlichen vertrauten Regeln und Konventionen aufgeben und Härten wie Isolation und Mißbilligung ertragen. Wir müssen auch den Mut aufbringen, auf uns selbst gestellt zu leben, und die Weisheit, unsere eigenen Entscheidungen zu treffen ohne vorgefertigte Normen dafür, wer wir sein und wie wir uns verhalten sollen. *Wir können nicht unsere Mitte erreichen, ohne den innersten Punkt unserer Sehnsüchte zu suchen und ohne die äußerste Grenze unserer Phantasien zu erforschen.*

Wenn wir die Ketten der Konventionen sprengen, riskieren wir das Gefühl, verloren zu sein, uns zu fragen, ob wir verrückt werden, und wir riskieren, die Unterstützung der Menschen zu verlieren, von deren Zustimmung wir üblicherweise abhängig sind. Wenn wir auf unser Herz hören, werden wir auf Reisen geschickt, die unsere Seele formen. Um das Ende dieser Odysseen der Verwandlung erreichen zu können, müssen wir eine ethische Verpflichtung eingehen: *Wir müssen wissen, was wir fühlen, sagen, was wir meinen, und tun, was wir sagen.* Um bei der Suche nach einem wahren Leben standhaft zu bleiben und voranzukommen, müssen wir diese Verpflichtung für den Rest unseres Lebens immer und immer wieder von einem Augenblick zum nächsten neu bekräftigen.

Dann steht unsere Selbstachtung auf festen Füßen und ruht verläßlich auf dem Wissen, daß wir getan haben, was wir wirklich für richtig halten, unabhängig vom Ergebnis oder den Folgen unseres Handelns und davon, wie andere unser Handeln beurteilen. Wenn wir den Lohn ernten – die Entdeckung unseres einmaligen Wesens –, scheint sich das Risiko gelohnt zu haben.

Jeder von uns trägt in sich eine sehr wertvolle Perle. Sie gehört ihm ganz allein und ist in keinem anderen zu finden. Wenn wir auf unsere kostbare Einzigartigkeit Anspruch erheben wollen, ohne genau zu wissen, wonach wir suchen, müssen wir in unserem Inneren nach Führung suchen und darauf hören, was unser Herz uns darüber sagt, wie wir den verborgenen Schatz finden. Diese kostbare Perle, unser individueller Wert, läßt sich nur entdecken, wenn wir bereit sind, allein für uns zu stehen.

In Zeiten persönlicher Krisen haben wir zwei grundsätzliche Alternativen. Wir können das, was uns widerfährt, passiv als Schicksal akzeptieren oder aktiv die Umstände als Herausforderung betrachten und versuchen, das Beste aus der jeweiligen Situation zu machen. Dadurch, daß wir uns bewußt dafür entscheiden, die einsamen Reisen zu machen, zu denen die Krisen uns ermutigen, *verwandeln wir ein unpersönliches Schicksal in unsere persönliche Bestimmung.*

Am Ende der unbekannten Wege, auf die wir uns allein begeben haben, werden wir feststellen, daß wir endlich zu Hause angelangt sind. Doch unser Platz in der Gemeinschaft, zu der wir zurückkehren, hat sich ebenso verändert wie wir. Wenn wir uns wieder in die Welt begeben, in der wir vorher nach den von anderen festgesetzten Normen gelebt haben, entdecken wir eine neue Freiheit – wir sind nicht länger gebunden an das, was wir einmal für das Korrekte oder von uns Erwartete hielten. Wir wissen jetzt klarer, woran wir glauben und begreifen besser, wie wir leben wollen.

Aber wir können nicht hoffen, nach Hause, an unseren persönlichen Platz zurückzukehren und in einer Stimme, die wirklich unsere eigene ist, mit anderen zu sprechen, ohne zuerst ihre »schwirrende Welt«[92] mit all ihrem Schimpfen, Spotten und leerem Geplapper verlassen zu haben. Wir müssen bereit sein, uns allein in das fremde Land zu begeben, das wir unser Unbewußtes nennen.

Die Teile von uns, die wir üblicherweise ignorieren, werden in Form von Ungeheuern und Prüfungen auftreten, denen wir uns ehrlich stellen müssen, wenn die heroische Suche danach, wer wir sind – es geht um nicht mehr und nicht weniger –, erfolgreich sein soll. Wir müssen unsere konventionellen Verhaltensregeln zurückweisen, undenkbare Gedanken denken und unaussprechliche Fragen stellen, wenn wir intuitiv den vieldeutigen, unvertrauten Richtlinien folgen wollen, die in der dunklen Nacht unserer Seele herrschen. Dadurch, daß wir uns den schattenhaften Dämonen in uns stellen, kommen wir mit unserer Angst, von ihnen überfallen zu werden, zurecht. Als Folge erleben wir ein allmählich wachsendes Selbstvertrauen, das anders nicht zu gewinnen ist. Diese Selbstgewißheit kann sich niemals völlig entwickeln, aber dank des Vertrauens, das wir gewonnen haben, werden wir mehr und mehr Episoden persönlicher Freiheit erleben, die länger und länger dauern.

Es gibt zum Beispiel Gelegenheiten, bei denen wir zu bestimmten Menschen über eine neue Idee sprechen, die nicht zu dem paßt, was sie als gegeben voraussetzen. Ihre Reaktionen – von hochgezogenen Augenbrauen bis hin zu Tadel wie: »Wie konntest du so etwas auch nur denken!« – üben sozialen Druck auf uns aus, diese Idee fallenzulassen oder unsere Worte so zu verändern, daß sie konformer sind. Doch unser gewachsenes Vertrauen hilft uns, die Selbstzweifel und Hemmungen beiseitezuschieben, die dieser Druck hervorrufen soll.

Haben wir uns zurückgezogen, um uns selbst zu finden, und kommen verwandelt wieder, sind wir zurück *in* der Welt, aber *wir gehören nicht länger der Welt.* Wir sind fähig, mit anderen zu interagieren, ohne uns ihrer Definition dessen, wer wir sein sollen, zu unterwerfen. Auch nachdem wir aus der Unordnung aufgetaucht sind, die wir erleben mußten, um den »ruhenden Pol« im Zentrum unserer Seele zu entdecken, wird es Zeiten geben, in denen wir wieder die »alten Stimmen hören«, die uns vom wahren Kern unseres Wesens weglocken wollen. Manchmal entscheiden wir uns für den Weg der Gruppe, aber das bedeutet nicht, daß wir alles Gelernte vergessen haben.

Es gibt keine Ziellinie, die wir auf unserer persönlichen Pilgerreise überschreiten, keinen Zustand der Vollkommenheit, den wir erreichen, und keine endgültige Antwort, die wir finden können. Wir sind gleichzeitig von der Gemeinschaft getrennt und ein Teil von ihr – das Reisen und das Gefühl des Ankommens sind untrennbar voneinander. Trotzdem befinden wir uns in einer seltsamen Position. Wir sind nicht frei von den Schwierigkeiten, die das Leben unvermeidlich mit sich bringt, doch wir begreifen, es sind »Erfahrungen, die uns allen gemeinsam« sind. Deshalb gelingt es uns häufiger, Krisen als Stürme im Tal zu betrachten, die man von einem Berggipfel aus beobachtet[93], ohne uns unnötig aufzuregen.

Anstatt Zeit und Energie mit der Frage zu vergeuden: »Warum ich?« werden wir erkennen, daß manche Probleme, die ausgerechnet uns zugeteilt wurden, in Wirklichkeit die Aufschrift tragen: »*Wen immer es betrifft.*« Trotzdem haben wir die Verantwortung, aus allem, was uns trifft, das Beste zu machen.

Wir sind unser ganzes Leben der höheren Macht in uns Rechenschaft schuldig – darüber, wer wir sind, und wie wir leben. Man erzählt die Geschichte von einem Polizeichef, der eines Abends einen frommen Mann besuchte, der festgenommen worden war, weil seine Feinde ihn bei den Behörden als Häretiker denunziert hatten.

Als der selbstzufriedene, selbstsichere und im konventionellen Sinn religiöse Polizeichef die Zelle betrat, war der fromme Mann zu tief ins Gebet versunken, um sein Kommen zu bemerken. Beeindruckt von der Kraft des inneren Friedens seines Gefangenen, sprach der Polizeichef mit ihm über geistige Fragen. »Wie ist es zu verstehen, daß Gott der Allwissende Adam fragen mußte: »Wo bist du?« [...]

Der Gefangene erwiderte: »In jeder Zeit ruft Gott jeden Menschen an: ›Wo bist du in deiner Welt?‹ [...] Er stellt diese Frage jedem Menschen auf eine besondere Art und Weise. Gott spricht etwa: ›*Sechsundvierzig* Jahre hast du gelebt, wo stehst du?‹«

Als der Polizeichef sein Alter hörte, berührte ihn die Geschichte, und sein Herz flatterte. Er begriff auf einmal, daß er der Mensch war, den Gott wieder einmal fragte: ›Wo bist *du*?‹[94]

## 11
## *Alle wollen in den Himmel, aber keiner will sterben*

Als ich erfuhr, daß ich an einer lebensgefährlichen Krankheit litt, fühlte ich mich auf diese Krise völlig unvorbereitet. Ich sollte mich der Aussicht auf den scheinbar baldigen Tod stellen. Das verlangte mehr von mir, als alles, wozu ich glaubte, fähig zu sein. Das Akzeptieren meines Schicksals, das ich im Anfangskapitel geschildert habe, spiegelt einen langen und mühsam gewonnenen Kampf mit der schmerzlichen Herausforderung, vor die mich das Leben unerwartet gestellt hatte.

Ich hatte irgendwo in meinem Kopf immer gewußt, daß ich eines Tages sterben würde. Aber es stellte sich heraus, daß es absolut keine Hilfe war, an den Tod als *eine Vorstellung in meinem Kopf* zu denken. Um das Akzeptieren des Sterbens in eine Bereicherung des Lebens zu verwandeln, mußte ich meine Sterblichkeit als *ein Gefühl in meinem Herzen* erfahren. Beim Einsetzen meiner Krankheit war ich noch nicht vierzig. In der Gewißheit, daß der Tod mich in ferner Zukunft erwartet, hatte ich als Vorbereitung auf das Sterben lediglich eine Lebensversicherung abgeschlossen.

Als man mir sagte, ich würde wahrscheinlich nicht sehr lange leben, war ich sehr deprimiert und fühlte mich verzweifelt hilflos. Schnell versuchte ich, die Illusion wiederherzustellen, ich hätte mein Leben unter Kontrolle. Ich dachte ernsthaft daran, Selbstmord zu begehen. Als ich den Plan aufgab, fand ich Wege, mir weiterhin vorzusagen, ich hätte größere Kontrolle über das, was geschehen würde, als man sie überhaupt haben kann.

Ich beschloß, meine Leiche der Wissenschaft zur Verfügung zu stellen, damit ich zumindest symbolisch die Unsterblichkeit erreichen würde. Ich ließ mir die gesetzlich erforderlichen Formulare zuschicken. In den folgenden zwei Jahren leugnete ich meinen Tod, indem ich die Papiere nicht unterschrieben in einer Schublade meines Rollpults aufbewahrte, wo ich sie nicht sah. Als ich die Formulare schließlich unterschreiben wollte, verschob ich es wieder.

Inzwischen hatte ich einen komplizierten Traum gehabt: Eine Gruppe Medizinstudenten beobachtete meine Autopsie, und die jungen Männer sahen mich nackt und übergewichtig auf dem Tisch liegen. Am nächsten Morgen beschloß ich, meine Leiche doch nicht der Wissenschaft zu vermachen. Es war mir zu peinlich, ich war zu verletzlich, um eine solche Zurschaustellung meiner Schwachheit zuzulassen, selbst wenn es bedeutete, daß ich nicht in der Geschichte der medizinischen Forschung verewigt werden würde.

Nachdem ich die Formulare erhalten hatte, unterrichtete ich die Familie von meinem Entschluß. Zwei Jahre später erzählte ich meiner Familie den peinlichen Traum und erklärte, ich hätte meine Absicht geändert. Als ich meinen Plan wieder aufgriff und zugab, daß ich meinen Tod geleugnet hatte, lernte ich eine dringend benötigte Lektion über das Leben.

Bis zu diesem Punkt war Bescheidenheit nie meine Stärke gewesen. Ich hatte meiner Familie zu einem früheren Zeitpunkt gesagt, nach meinem Tod sollte eine Trauerfeier im Stil der Encounter-Gruppen stattfinden, zu der sich alle, die mich kannten, einfinden konnten, um ihre Gefühle zu teilen.

Es dauerte lange, bis ich erkannte, daß ich kein Recht hatte zu versuchen, mich noch vom Grab aus einzumischen. Was meine Familie und meine Freunde taten, wenn ich tot war, ging mich nichts an. Ich befreite sie vom Gängelband und sagte, ich sei mit allem einverstanden, was immer sie nach meinem Tod tun würden.

Nachdem ich begonnen hatte, mich der Herausforderung zu stellen, die in der Krise des Akzeptierens meines bevorstehenden Todes inhärent war, fand ich unerwartete Belohnungen dafür, daß ich den Fehdehandschuh aufnahm. Ich fragte mich, wie ich die verbleibende Zeit eigentlich leben wollte. Meine erste Reaktion kam in Form einer romantischen Vorstellung: Ich fuhr unbekümmert mit dem Motorrad an die Westküste, und dort begann ein neues Leben.

Diese Phantasievorstellung hatte zwar einen großen Reiz, aber sie erschien mir sehr merkwürdig. Ich war nie auf einem Fahrrad gefahren, geschweige denn auf einem Motorrad. Noch komplizierter wurde die Sache dadurch, daß die Krankheit meinen Gleichgewichtssinn gestört hatte, so daß das Motorradfahren ohnehin unmöglich gewesen wäre. Außerdem hatte ich für die kalifornische Subkultur noch nie besonders viel übrig gehabt.

Nachdem das Bild von mir auf der Fahrt in den Sonnenuntergang verblaßte, dachte ich über andere, ernstzunehmende Alternativen nach. Wollte ich meine Arbeit beibehalten, meine Ehe weiterführen, mich mit denselben Freunden treffen und meine Zeit mit den gleichen Dingen verbringen wie bisher? Als ich feststellte, daß die Antwort auf viele dieser Fragen JA! war, schien es, als erkenne ich zum ersten Mal, wie glücklich ich mit vielem in dem Leben war, für das ich mich bereits entschieden hatte.

Trotz dieser zutiefst befriedigenden Entdeckung blieb mein Denken einige Zeit mehr magisch als mystisch. Eine Zeitlang wurde ich ganz untypisch mißtrauisch. Zunächst beschäftigten mich zwanghaft alberne Dinge – etwa, wieviel Shampoo in der großen Flasche übrig war, die auf der Ablage in der Dusche stand. Damals hätte ich es zwar geleugnet, aber insgeheim glaubte ich unbestimmt, ich würde nicht sterben, solange die Flasche nicht leer war. Um zu verhindern, daß diese Vorstellung

Wirklichkeit wurde, wusch ich mir seltener die Haare.

Da man damit rechnete, ich würde bald sterben, zögerte ich, mir etwas Neues zum Anziehen zu kaufen; und so vernachlässigte ich auch meine Garderobe. Ich dachte an den Tod meines Vaters vor zehn Jahren. Er war sein Leben lang zu allen großzügig gewesen – außer zu sich selbst.

Er sagte oft Dinge wie: »Man kann keine zwei Anzüge gleichzeitig tragen« und kaufte sich üblicherweise nur etwas, das er unbedingt brauchte. Ich erinnerte mich, wie stolz mein Vater wirkte, als er sich zum ersten Mal zwei Anzüge gleichzeitig kaufte. Er war achtundfünfzig und hatte sich zum ersten Mal verwöhnt. Zwei Jahre später war er sechzig und starb. Ich dachte: »Zum Teufel!« und kaufte mir ein paar neue Sachen.

Noch bejahte ich das Leben nicht – ich verspottete und leugnete immer noch den Tod. Zu dieser Zeit kam mein jüngster Sohn mit einer schlichten, direkten Bitte, die sich als indirektes, komplexes Geschenk erwies.

Während meine Kinder heranwuchsen, hatten wir immer Katzen im Haus gehabt – manchmal fünf oder sechs gleichzeitig. Es war schon eine Weile her, seit unsere letzte Katze verschwunden war –, entweder hatte sie sich verlaufen oder sie war gestohlen worden. Nick fragte, ob er eine neue Katze haben dürfe. Er sagte, wenn jeder von uns ein kleines Kätzchen hätte, könnten wir uns zusammen daran freuen, wie sie wuchsen.

Ich sagte, ich werde ein paar Tage über seinen Vorschlag nachdenken. Zynisch dachte ich: »Genau das, was ich brauche! Noch ein Geschöpf, das ich liebe, solange ich lebe, und verliere, wenn ich sterbe.« Plötzlich wurde mir klar – das *war* genau, was ich brauchte! Wenn ich mehr liebte, würde mir das helfen, mich so lebendig zu fühlen, wie ich nur konnte, solange ich lebte. Meine Antwort war und wird wie die Antwort von Molly Bloom im *Ulysses* von James Joyce sein: »ja ich sagte ja ich will ja«.[95]

Ich weiß nicht mehr, welchen Namen Nick seinem Kätzchen gab, aber ich nannte meines *Moische Kepoyer*, das im Jiddischen ungefähr bedeutet »Moische, der alles von oben nach unten und von innen nach außen kehrt«.

Ironischerweise ist der arme Moische schon lange tot, und ich lebe noch. Ein paar Hunde aus der Nachbarschaft haben ihn so schrecklich zugerichtet, daß ich es nicht ertragen konnte, ihn zu begraben. Ich bat David, meinen zweitjüngsten Sohn, für mein Kätzchen ein Grab auszuheben, während ich dabeistand und weinte.

Mein jüngster Sohn Nick war in seiner Unschuld klüger gewesen als sein Vater. Bevor wir unsere Kätzchen bekamen, hatte ich in meinen Arbeiten untersucht, was es für mich bedeutete, daß mein Tod vielleicht zu früh kommen würde. Ich hatte allmählich begriffen, daß ich vielleicht zumindest einen guten Tod haben, daß ich mit Würde und auf meine Weise sterben konnte. Als ich das Angebot meines jüngsten Sohnes annahm, mit dem er das Leben ehrte, setzte ich Regungen in meiner Seele in Gang, die eine anfangs verwirrende Reihe von Verwandlungsträumen hervorriefen.

Meine Träume davor hatten mir geholfen, mich auf das Sterben vorzubereiten. Als die neuen Träume einsetzten, beendete ich gerade ein Manuskript, das eine Art letzter feierlicher Ritus war, eine Beichte von Fehlern.[96] Die neuesten Bilder meines Innern lenkten mich in Richtung auf ein neues Buch[97], das meine Verwandlung unterstützen würde, damit ich lernte weiterzuleben.

Die Verwandlungsträume setzten am Ende des Winters ein. Im Frühjahr hatte ich einen Termin für eine neurologische Routine-Untersuchung. Während des Wechsels der Jahreszeiten hatte mich mein Arzt angewiesen, auf Symptome zu achten, die eine dritte schwere Gehirnoperation notwendig machen würden –, und ich war sicher, diese Prüfung nicht zu überleben.

Der Kontext all dieser Träume war die jährliche Reise auf die Insel Martha's Vineyard – der Ort unserer sommerlichen Erholung und meiner jährlichen Pilgerreise zum Meer.[98] Rückblickend wird mir klar, daß die Träume zu einer Zeit begannen, als ich mich darauf vorbereitete zu feiern, daß ich wieder ein medizinisch unsicheres Jahr meines Lebens überlebt hatte. Mein Geburtstag fiel mit dem dritten Jahrestag der letzten Operation zusammen.

Die Träume waren angefüllt mit wunderbaren, starken Transformations-Bildern – große Flutwellen, das wogende Meer, sich verändernde Landschaften und neue Methoden zu reisen. In jedem Traum kam ein schrecklicher Sturm auf und flaute ab.

Nachdem der Sturm vorüber war, wurde der Himmel klarer, und das Meer glitzerte schöner als vor Beginn des schlechten Wetters. Am Ende jedes Traums wurde mir deutlich bewußt, daß ich einen starken Schlag überstanden hatte. Wie Meer und Himmel, so ging auch ich in einer besseren Verfassung als vorher daraus hervor.

Am Morgen hatte ich stets eine deutliche Erinnerung an den Traum der vergangenen Nacht. Aber ich verstand lange Zeit nicht, was die Träume bedeuteten. Meine Verwirrung beunruhigte mich, gleichzeitig fand ich es aber auch aufregend.

Die Träume wiederholten sich mehrere Wochen als Variationen derselben Themen. Die Bilder wechselten, doch die Motive der Krise in der Natur und ihrer befriedigenden Lösung blieben konstant.

Ich hatte das Gefühl, mein geheimnisvolles, träumendes Ich sende mir dringende Botschaften, die mein vernünftiges, waches Ich einfach nicht verstand. Verzweifelt beschloß ich, einem sehr lieben und geliebten Freund zu schreiben, der ein verrückt poetischer, beunruhigend intuitiver Mensch mit einem geschärften Bewußtsein ist. Ich hatte ihn lange als schattenhaften Führer durch das unterirdische Labyrinth meines Unbewußten erlebt. Er fühlte sich immer wieder verloren in dem Nebel, den er als Puffer zwischen seinen inneren und äußeren Welten aufbaute. In solchen Zeiten übernahm ich für ihn die gleiche Rolle.

Vor dem Zubettgehen beschloß ich, am nächsten Morgen zu schreiben und ihn um Hilfe bei der Lösung meines inneren Rätsels zu bitten. In dieser Nacht lieferte mir mein Unbewußtes unerwartet die Antwort. Bevor ich mich hinsetzte, um den Brief zu schreiben, hatte ich den letzten klärenden Traum der Reihe.

Die Reste des vorangegangenen Tages gaben den erhellenden Bildern der Nacht ihre Form. Hinter mir lagen die letzten Stunden einer so schweren Grippe, daß ich geglaubt hatte, ich würde sterben. An diesem Tag hatte ich immer wieder obsessiv über Ellitos Satz gebrütet, die Welt werde mit einem schwachen Wimmern, anstatt mit einem lauten Knall enden. Wenn es mir gut genug ging, las ich wieder und wieder die Legende von der Suche nach dem heiligen Gral.

Am Abend hatte ich mich soweit erholt, daß ich das Geschirr abwusch. In einem winzigen Fernseher, den wir in der Küche stehen haben, sah ich einen faszinierenden Dokumentarfilm über Schlangen – die sich häutenden Symbole des ewigen Lebens.

In der Nacht hatte ich den Kulminations-Traum. Ich bereitete mich auf die Fahrt nach Martha's Vineyard vor. Mein Gefühl beim Packen war eine Mischung aus Aufgeregtsein und Erleichterung –, als hätte ich die innere Reise schon zu lange aufgeschoben. Endlich war ich soweit, sie anzutreten.

Im Traum war ich eine Frau, die Schwierigkeiten hatte, ihren gepackten Wagen in Gang zu setzen. Die Schwierigkeiten kamen von meinen erfolglosen Versuchen, einen kleinen Fernsehapparat auf dem Wagendach zu befestigen. Ich rief nach Hilfe.

Von ferne, aber deutlich genug, um sie zu verstehen, hörte ich die Stimme einer anderen Frau, die mir den Rat gab, den ich brauchte. Sie sagte, wenn ich wolle, daß der Fernseher an seinem Platz bleibe, müsse ich den Knopf, mit dem man den Bildungskanal einstellt, so weit als möglich drehen.

Ich wollte ihrem scheinbar unbrauchbaren Vorschlag folgen und begann den Knopf zu drehen. Dabei entdeckte ich, daß es mehr Kanäle gab, als ich gewußt hatte. Die Frequenzen gingen weit über sechzig hinaus! Ich staunte, befolgte jedoch den Rat.

Sobald ich über Kanal sechzig hinausging, leuchtete der Bildschirm auf, und ich sah deutlich eine fette Überschrift. Ich begriff sofort, das war die Lösung, nach der ich suchte – die Antwort auf das Rätsel, das meine früheren Träume mir stellten. Die Überschrift lautete: Ohne zu sterben.

Ich wachte lachend auf. Es war ein schöner, sonniger neuer Morgen. Ich ließ mein langsam erwachendes Bewußtsein allmählich meine bisherige Lebensweise umformen. Es war Zeit, daß ich aufhörte zu sterben, und begann, wieder zu leben.

Mit sehr viel Hilfe von meinen Freunden, meiner Familie und sogar zwei kleinen Katzen hat die Krise der Todeserwartung mein Leben verwandelt. Durch diese Verwandlung fühle ich mich in jedem Augenblick lebendiger als früher, als ich beinahe geglaubt hatte, ich würde ewig leben.

Die Hoffnung ist kein Leugnen des Todes. Echte Hoffnung ist nur möglich, nachdem wir bereitwillig am Rand der Verzweiflung entlanggegangen sind und all den kleinen Toden im Leben und dem großen Tod, der uns danach erwartet, ins Gesicht geblickt haben. Einer meiner Lieblingsgedanken, den ich schon früher zitiert habe, stammt von Martin Buber. »Es ist wunderbar alt zu sein, wenn wir wissen, wie wir wieder neu anfangen können; nicht, indem wir jung sind, sondern indem wir auf eine neue Weise alt werden.«[99] Der wirklich fröhliche Mensch ist wie jemand, dessen Haus abgebrannt ist, und der aus dem tiefen inneren Bedürfnis heraus beginnt, ein neues zu bauen; nicht als eine endgültige Verpflichtung, sondern als ein immer neues Finden der Richtung, eine Antwort auf den Ruf, der in jeder neuen Stunde zu hören ist.[100]

*Sich ganz und gar lebendig zu fühlen, hängt nicht so sehr davon ab, was wir glauben, als davon, wie wir die großen und kleinen Augenblicke unseres Lebens erleben und erfahren.* Es werden weiterhin Krisen kommen, und wann immer ich dazu fähig bin, werde ich die Herausforderungen annehmen, vor die sie mich stellen.

Ich kann zwar nicht Klavier spielen, doch ich bin entschlossen, mich von den Tönen verwandeln zu lassen, die aus der Stille meiner Seele aufsteigen, und mein Herz soll die Melodie bestimmen, zu der ich mein Leben tanze.

*Alle Kinder Gottes haben sich verirrt, aber nur wenige können Klavier spielen.*

# EPILOG

Dies sei das Ende des Buches,
nicht des Suchens.
*Thomas Merton*

Die spirituelle Reise hat kein Ende.
*Sheldon Kopp*

## *Epilog: Wege zur höheren Macht in uns*

1. Wie gut unser Leben auch laufen mag, es gibt Zeiten, in denen wir uns fragen: »Ist das alles?«
2. Wenn du glaubst, der Sinn des Lebens sei verlorengegangen, mußt du dich selbst finden.
3. Jeder fühlt sich manchmal verloren und allein.
4. Die Erfüllung, die wir brauchen, liegt tief in uns begraben.
5. Wo bist du in deinem inneren Leben?
6. Weshalb bist du nicht mehr du selbst?
7. Wenn wir die heiligen Unsicherheiten ertragen, können wir die höhere Macht in uns finden.
8. Kein anderer kann die höhere Macht für dich finden.
9. Wenn du deinem Herzen folgst, wirst du den Weg nach Hause zu deinem wahren Ich finden und zu den Menschen, die du liebst.
10. Das Reisen und das Gefühl anzukommen sind untrennbar voneinander.
11. Um dein eigenes Leben zu leben, mußt du deine eigene Geschichte finden.

12. Wenn du dich einige Zeit von den anderen zurückziehst, kannst du entdecken, wer du im Gegensatz zu ihnen bist.
13. Die innere Reise ist eine riskante Sache –, sie kann dein Leben verändern.
14. Der einsame Weg in die Tiefe unserer Seele führt uns an den Rand des Alleinseins und zurück an einen Platz unter den anderen, der wirklich unser Platz ist.
15. Jede Seele hat ihre eigene Schattenseite.
16. In der dunklen Nacht unserer Seele können wir beginnen, die Funken der höheren Macht in uns zu sehen.
17. Der Versuch, sich zu zwingen, ein anderer zu sein, schlägt fehl.
18. Der einzige Sieg liegt darin, sich dem eigenen Selbst zu überlassen.
19. Alles an dir ist etwas wert, wenn du dich dazu bekennst.
20. Das Akzeptieren unserer Schwächen setzt unsere Stärken frei.
21. Wir geraten alle in schwierige Lagen, die uns verstören und uns das Gefühl geben, unvorbereitet zu sein.
22. Jede Krise ist ein Kreuzweg, und sie öffnet uns Wege, die wir unter anderen Umständen vielleicht nie gesehen hätten.
23. Es ist bedeutungslos, ob das Leben gerecht ist.
24. Die Frage: »Warum ich?« ist nutzlos. Die einzige

Frage die zählt, ist: »Wohin gehe ich von hier aus?«

25. Was ist, wenn Gott will, daß wir nicht in unseren Lüsten gefangen, sondern frei sind?
26. Es geht niemanden etwas an, was in unserer Vorstellung geschieht.
27. Wir möchten so sehr normal und nett wirken, daß wir versucht sind, alles zu verbergen, was uns einmalig macht.
28. Das falsche Bild von uns, das wir schaffen, um unser wahres Ich vor anderen zu verstecken, kann auch uns selbst täuschen.
29. Solange wir nicht erkennen, daß das Ungeheuer der Erwartungen anderer nur ein Papiertiger ist, bleiben wir bedroht durch ihre Vorstellungen davon, wer wir sein sollten.
30. Wenn wir unsere Eigenheiten anerkennen, können wir das Beste aus all dem Einzigartigen machen, das wir sind.
31. Wir müssen wissen, was wir fühlen, sagen, was wir meinen, und tun, was wir sagen.
32. Warum sollte Gott uns alle so verschieden machen und nur eine Art zulassen, ihm zu dienen?
33. Wenn wir in Übereinstimmung mit unserem Kopf und unserem Herzen handeln, wird alles, was wir tun, eine Form des Gebets.
34. Was immer wir im Augenblick tun, ist das Wichtigste, was wir tun können.
35. Echte Hoffnung ist erst möglich, nachdem wir

echte Verzweiflung erlebt haben und all den kleinen Toden und dem großen Tod, der uns danach erwartet, ins Gesicht sehen.

36. Sich ganz lebendig zu fühlen, hängt nicht davon ab, was wir glauben, sondern davon, wie wir jeden großen und kleinen Augenblick unseres Lebens erfahren.
37. Gott wohnt überall dort, wo die Menschen es zulassen.
38. Wir können Gott nur dort einlassen, wo wir wirklich stehen, wo wir ein Leben leben, das wirklich das eigene ist.

# *Anmerkungen*

## Prolog

1. Gershom G. Scholem: *Die jüdische Mystik in ihren Hauptströmungen* (Frankfurt a. Main 1957), S. 286.
2. Die höhere Macht ist geschlechtslos. Der Einfachheit halber benutze ich die maskuline Form, wenn ich von Gott spreche.
3. Martin Buber, »Die Botschaft des Chassidismus«, in: *Martin Buber, Werke Bd. 3* (München/Heidelberg 1963), S. 774.
4. Martin Buber: *Der Weg des Menschen nach der chassidischen Lehre* (Heidelberg 1960), S. 49.

## Teil I
### 1. Kapitel

5. Sheldon Kopp: *Who am I ... Really?* (Los Angeles 1987), S. 147–182.
6. Anekdote am Eßtisch, in: Joseph Campbell und Bill Moyers: *The Power of Myth*, hrsg. von Betty Sue Flowers (New York 1988), S. 117.
7. Martin Buber: *Geschichten der Chassidim* (Zürich 1949), S. 647.
8. Ebd., S. 202.
9. Ebd., S. 231.

### 2. Kapitel

10. Ebd.
11. Martin Buber: *Geschichten der Chassidim* (Zürich 1949), S. 651.
12. Ebd., S. 394.

## 3. Kapitel

13. Aus Sri Ramakrischna: *The Tales and Parables of Sri Ramakrishna* (Madras 1943), S. 259–262.
14. Jolande Jacobi: *The Way of Individuation*, Übers. R. F. C. Hall (New York 1965), S. 208.
15. Leslie Fiedler, *Freaks: Myths and Images of the Secret Self* (New York 1978), S. 208.
16. Martin Buber: *Geschichten der Chassidim:* (Zürich 1949).
17. C. G. Jung zitiert in: Jolande Jacobi, *Psychological Reflections: An Anthology of the Writings of C. G. Jung* (New York 1961), S. 208.
18. Martin Buber: *Geschichten der Chassidim* (Zürich 1949).

## 4. Kapitel

19. Martin Buber: *Geschichten der Chassidim* (Zürich 1949), S. 439.
20. Martin Buber, zitiert in: Maurice Friedman *A Dialogue with Hasidic Tales: Hallowing the Everyday* (New York 1988), S. 76.

## 5. Kapitel

21. Nach Martin Buber: *Geschichten der Chassidim* (Zürich 1949).
22. Die Arbeiten erschienen in VOICES: *The Art and Science of Psychotherapy*.
23. Dylan Thomas, »Mein Handwerk meine trotzige Kunst«, in: *Windabgeworfenes Licht* (München 1992) S. 341.
24. Sheldon Kopp: *This Side of Tragedy: Psychotherapy as Theater* (Mountain View 1977), S. 199–200.
25. Meister Eckart, zitiert in: F. V. C. Happold: *Mysticism: A Study and an Anthology* (Baltimore 1967), S. 72.
26. Nach Martin Buber: *Geschichte der Chassidim* (Zürich 1949).

## Teil II
## Einleitung

27. Meine Interpretationen verdanken mehr all dem, was das Werk von Jung mich gelehrt hat, als dem, was ich von Freud gelernt habe.

## 6. Kapitel

28. Martin Buber: *Geschichten der Chassidim* (Zürich 1949).
29. Anne Cohen-Solal: *Sartre 1905–1980* (Reinbek 1988).
30. Lawrence W. Lynch: *The Marquis de Sade* (Boston 1984).
31. Anne Cohen-Solal: *Sartre 1905–1980* (Reinbek 1988).
32. Ebd.
33. Ebd.
34. Ebd.
35. Lawrence W. Lynch: *The Marquis de Sade* (Boston 1984), S. 35–36.
36. Ebd., S. 39.
37. Ebd., S. 49.
38. Marquis de Sade: *Die 120 Tage von Sodom.*
39. Simone de Beauvoir: *Soll man de Sade verbrennen*, (München 1964).
40. Tarotkarten werden benutzt, um die Zukunft vorauszusagen. Sie enthalten eine Gruppe archetypischer Bilder, die entweder aus altägyptischen heiligen Schriften oder jüdischen kabbalistischen Abhandlungen übernommen worden sein sollen. Angeblich kam das Tarot im frühen vierzehnten Jahrhundert aus Indien in den Westen. Wie auch immer, die Karten sind sehr alt, immer wieder faszinierend und reich an mystischen Symbolen.
41. Ralph Metzner: *Maps of Consciousness* (New York, Collier Books, 1971), S. 55.
42. Maurice Friedman: *A Dialogue with Hasidic Tales: Hallowing the Everyday* (New York 1988), S. 45.

## 7. Kapitel

43. Martin Buber: *Geschichten der Chassidim* (Zürich 1949), S. 625.
44. Laurie Lisle: *Portrait of an Artist: A Biography of Georgia O'Keeffe* (New York 1986).
45. Patricia Bosworth: *Diane Arbus: A Biography* (New York 1984).
46. Laurie Lisle: *Portrait of an Artist: A Biography of Georgia O'Keeffe* (New York 1986), S. 17.
47. Ebd., S. 137.
48. Ebd., S. 173. (Hervorhebung des Autors.)
49. Ebd., S. 269.
50. Ebd., S. 276.

51. Ebd., S. 355.
52. Ebd., S. 420.
53. Georgia O'Keeffe, gefilmt von Parry Miller Adato (National Education Television, New York, 1975).
54. Patricia Bosworth: *Diane Arbus: A Biography* (New York 1984), S. X.
55. Ebd., S. 17–18.
56. Ebd., S. 52.
57. Ebd., S. 299.
58. Ebd., S. 155.
59. Ebd., S. 208.
60. Ebd., S. 226.
61. Ebd., S. 265.
62. Robert Motherwell: *The Dada Painters and Poets: An Anthology* (Cambridge, Mass. 1989), S. XII.
63. Ebd., S. XXVII.
64. Ebd., S. 171.
65. Martin Buber: *Geschichten der Chassidim* (Zürich 1949), S. 291.

## 8. Kapitel

66. Lanza del Vesto, *Return to the Source*, übers. von Jean Sidgwick (New York 1974), S. 225.
67. Peter Goldman: *The Life and Death of Malcolm X* (Urbana 1979).
68. Abbie Hoffman: *Soon to Be a Major Motion Picture* (New York 1980).
69. Zitiert in Peter Goldman: *The Life and Death of Malcom X* (Urbana 1979).
70. Ebd., S. 383.
71. Abbie Hoffman: *Soon to Be a Major Picture* (New York 1980), S. 58–59.
72. Anlaß für diese Demonstration war die Hinrichtung des Vergewaltigers und Mörders Caryl Chessman.
73. Die Untersuchungen wegen angeblicher subversiver Aktivitäten in San Francisco.
74. Gegen die Nominierung von Hubert Humphrey zum Präsidentschaftskandidaten auf dem Parteitag der Demokraten in Chicago 1968.
75. Abbie Hoffman, *Soon to Be a Major Motion Picture* (New York 1980), S. 297.
76. Nach Martin Buber: *Geschichten der Chassidim* (Zürich 1949).

## 9. Kapitel

77. Nach Martin Buber, *Geschichten der Chassidim* (Zürich 1949).
78. Thomas Merton: *Der Berg der sieben Stufen* (Stuttgart 1990).
79. James S. Gordon: *The Golden Guru: The Strange Journey of Bhagwan Shree Rajneesh* (Lexington, Mass. 1987).
80. Der Titel von Mertons Autobiographie *Der Berg der sieben Stufen* geht auf den Berg mit den sieben Kreisen im Fegefeuer von Dantes *Göttliche(r) Komödie* zurück.
81. Thomas Merton: *Der Berg der sieben Stufen.*
82. Ebd., S. 188.
83. Ebd., S. 423.
84. Ebd., S. 423.
85. James S. Gordon: *The Golden Guru: The Strange Journey of Baghwan Shree Rajneesh* (Lexington, Mass. 1987), S. 41.
86. Victoria Lincoln: *Teresa, A Woman: A Biography of Teresa of Avila*, Hrsg. Elias Rivers and Antonio T. de Nicolas (New York 1984), S. 62.
87. Zitiert in: *Carl Jung and Soul Psychotherapy*, Hrsg. Karen Gibson, Donald Lathrop and E. Mark Stern (New York 1968), S. 32.
88. Arthur Waley, et al.: *Madly Singing in the Mountains: An Appreciation and Anthology of Arthur Waley*, Hrsg. Ivan Morris (New York 1970).
89. Terenz: *Einer straft sich selbst* (Stuttgart o. J.).
90. Martin Buber: *Geschichten der Chassidim* (Zürich 1949), S. 535.

## Teil III

## 10. Kapitel

91. Martin Buber: *Geschichten der Chassidim* (Zürich 1949), S. 740.
92. Carol S. Pearson: *Der Held in uns: die sechs Archetypen* (München 1990).
93. T. S. Eliot, »Vier Quartette«, in: *Gesammelte Gedichte 1909–1962*, Hrsg. Eva Hesse (Frankfurt am Main 1972). Die Zitate ohne Quellenangabe in diesem Kapitel stammen von Eliot. Ich verdanke mein Verständnis von Eliots *Vier Quartetten* zum großen Teil Elizabeth Drews' Kommentar in: *T. S. Eliot: The Design of His Poetry* (New York 1949).

94. Carl Jung, zitiert in Jolande Jacobi: *The Way of Individuation*, Übers. von R. F. C. Hall (New York 1967), S. 46.
95. Nach Martin Buber: *Geschichten der Chassidim* (Zürich 1949).

## 11. Kapitel

96. James Joyce: *Ulysses*.
97. Sheldon Kopp: *The Naked Therapist: A Collection of Embarrassments* (San Diego 1976).
98. Sheldon Kopp: *Das Ende der Unschuld*, übers. von Florian Ulmer Frankfurt am Main 1993.
99. Sheldon B. Kopp: *Triffst Du Buddha unterwegs ...*, übers. v. Jochen Eggert (Frankfurt am Main 1978), S. 178–185.
100. Martin Buber, zitiert und erläutert in: Martin Friedman, *A Dialogue with Hasidic Tales: Hallowing the Everyday* (New York 1988), S. 150–153.
101. Ebd., S. 53–54.